办公室里的关系学

田由申·编著

中国商业出版社

图书在版编目（CIP）数据

办公室里的关系学/田由申编著. —北京：中国商业出版社，2010.7（2021.7 重印）

ISBN 978-7-5044-6958-8

Ⅰ.①办… Ⅱ.①田… Ⅲ.①办公室—人际关系学—通俗读物 Ⅳ.①C912.1-49

中国版本图书馆 CIP 数据核字（2010）第 126823 号

责任编辑：郭 强

中国商业出版社出版发行

010-63180647 www.c-cbook.com

（100053 北京广安门内报国寺 1 号）

新华书店经销

三河市华晨印务有限公司印刷

*

710 毫米×1000 毫米 16 开 16 印张 275 千字

2010 年 8 月第 1 版 2021 年 7 月第 2 次印刷

定价：39.80 元

* * * *

前　言

在迷宫般的、乏人指引的茫茫职场中，有许多人迷失了方向。他们不断碰壁，不断触礁，悲苦彷徨，看不到加薪的希望，望不到升职的曙光。抱怨、牢骚成了他们的口头禅，等待、退却成了他们的家常饭。最终，在“千里马常有，而伯乐不常有”的悲叹中归于沉沦。

其实，办公室奉行的是竞争主义，但也存在一定的潜规则，上演的是悲欢离合的人生戏剧。你想做职场上的优胜者，想爬到金字塔的顶层，光靠专业知识是远远不够的。你必须创建属于自己的办公室关系网，掌握办公室关系学中的潜规则。

在办公室里，你知道顶尖人才与一般人才的区别在哪里吗？能力、权势或者是专业知识？不，能力、权势、专业知识或许存在一定的价值，但最重要的还是人脉，即在办公室里与上司、同事及下级的关系。史丹福研究中心曾经发表一份调查报告，得出惊人结论：一个人赚的钱，12.5%来自知识，87.5%来自关系。也可以说，一个人能否成功，不在于你知道什么，而在于你认识哪些人。

每个人都是独特的，又都有或多或少的缺陷。可是，当你在办公室里有了丰沛的人脉资源时，你就能够取长补短，构建互补的外部团队。人脉就像是一种杠杆，因此，阿基米德才说：“给我一个支点，我可以撬起地球。”人脉的价值就在于此。

首先，上司将直接决定着你能否晋升。任何一个人能坐到领导职位上，都有其过人之处。他们丰富的工作经验和待人处世方略，都是值得我们学习和借鉴的。但是，并非所有的上司都是完美的。因此，对上司投其所好、百依百顺甚至阳奉阴违的人，未必能获得上司的好感；而不分场合地与上司唱对台戏的人，也会使领导反感。我们要懂得去适应不同的上司，适应上司做事的风格，尽力完善、改进与上司之间的关系。要创造条件让上司接纳你的观点，认同你的优势。

其次，同事之间的关系也是个人晋升的重要砝码。任何一个企业在提拔一位员工时，都得考虑群众基础。否则，晋升上来的人“唱独角戏”就没趣了。作为同事，我们没有理由苛求人家为自己尽忠效力。有时候，因为意见不一致而发生误解和争执也是常有的事。我们不妨换个角度，站在对方的立场上想想，理解一下对方的处境，千万别情绪化。同事间闲聊时不要透露同事的隐私，任何背后议论和指桑骂槐都是在贬低对方的过程中破坏自己的形象，最终也会受到旁人的抵触。

再次，如果你也是领导，千万不要忘乎所以。在工作生活方面，领导与下属只有职位上的差异，人格上都是平等的。在员工及下属面前，领导只是一个领头带班而已，并没有什么值得炫耀和得意的。帮助下属，其实就是帮助自己，因为员工们的积极性发挥得越好，工作就会完成得越出色，也会让你自己获得更多的尊重，树立开明的形象。

最后，办公室里男女关系也影响着我们的职场之路。办公室是工作的场所，办公室也不相信爱情。所以，别盲目地去爱别人，请你先爱自己，先周全自己，先把自己的职责任务厘清楚，再去充分利用 8 小时以外的时间。很多时候，爱情就像一场战争。你或许可以付出你的心、你的身，但请先把你的工作保留到底。

总之，你在办公室里的关系网将决定着你未来的发展走向。想想，你是否曾说过，“我不喜欢我的上司，能不能换个部门”“我和某某合不来，我讨厌和他共事”“为什么这个讨厌的家伙跟我是同事”等。其实，职场环境如同一个小社会，不像学校那样单纯，它是由无数个小团体组合而成的。我们不能只相信自己的概念和看法，意见没有绝对的对与错，要经过切磋琢磨，才能得出最理想的结果。所以，在企业里，即使与同事合不来，也必须继续一起工作下去，因为它是企业，而不是学校，办公室有它的游戏规则。就像有人说的那样，你喜欢谁并不重要，重要的是谁对你有用。

本书将帮你一一厘清办公室里的人际关系网，揭示办公室关系学中所存在的潜规则，旨在帮助职场人士搞好办公室关系，为你在人际关系、人脉网络上创造优势，从而提高个人竞争力，在各种人才荟萃，名、权、利相互交织并激烈竞争的办公室游戏中游刃有余，步步高升。

目 录

第一篇

人脉即富矿，办公室关系学中的金科玉律

人际关系是职业生涯中一个非常重要的课题，特别是对大企业的职业人士来说，良好的人际关系是舒心工作安心生活的必要条件。对于办公室中的个人来说，专业是利刃，人脉是秘密武器。如果一个人只有专业而没有人脉，个人竞争力就是一分耕耘一分收获。倘若加上人脉，个人竞争力将是一分耕耘数倍收获。

金科玉律一：办公室里没有免费的午餐

“天下没有白吃的午餐”，任何美好事物的获得都是极为艰难的，都要为之付出相应的代价。有耕耘才有收获，有奋斗才有成功。要想花一分的代价去换取十分的回报，那是永远不可能的事情！

身在职场，升职是每个人都想要的东西。但是，世上没有一帆风顺的事业，也没有唾手可得的成就。在人生的旅途上，即使是算不上成就的小小收获，也要为之付出艰辛的努力去争取。所以，在理想和事业面前，只有居安思危，不怕牺牲和耐得住寂寞的人，才有希望到达成功的彼岸。

可以说，在每一个成功人士的背后，都隐藏着无数的辛酸，他们的成功都是通过自己不懈的努力拼搏得来的，奋斗就是成功的最好诠释。我们应该明白，没有付出，就没有收获。懂得了这些，我们就不会对失败耿耿于怀，而是重新振奋精神，继续努力。

是的，谁不想一夜成名、一夜间有权有势呢？毕竟，这样就省得自己辛苦拼命了。但是，这怎么可能呢？别人凭什么把自己辛辛苦苦得到的午餐送给你？换个立场想一想，如果是你，你会把自己辛苦挣来的午餐给别人吗？如果觉得不可以，那么为什么相信别人可以做到呢？既然我们自己不做滥好人，也不能相信职场中有平白无故的好人。否则，我们很有可能会成为办公室争斗中的炮灰。

司马静任职于一家外资企业，她与总经理和副总经理之间除了工作关系外并没有什么深交。但是，前两天总经理找她密谈，想让她揭发副总经理在某些方面存在的问题，然后他就借此机会逼副总经理辞职。而且还许诺，事成之后，会让她取代副总经理。

司马静并没有当场拒绝，说容她再考虑考虑。分析了一晚上，司马静觉得，如果不按照总经理的吩咐去做，以后可能会面对被穿小鞋的遭遇；如果按照总经理的意思去做，虽然对不起副总经理，但是……最终，司马静在诱惑下按照总经理的示意去做了。

但是，事情的发展却出人意料。副总经理弄清了事情的前因后果后，表示：自己可以离开企业，但是有一个条件，那就是司马静也必须被开除，否则他将奋争到底。

司马静的结局，大家也应该猜到了吧。毕竟，总经理不会因为一个员工而放弃让对手下台的时机吧！更何况是一个为了利益可以放弃原则的人。虽然司马静对同事们所持的冷漠态度感到些许伤心，但是谁又愿意去同情一个为了升职而不择手段的人呢？

所以，在职场中要想不被别人当枪使，我们要牢牢记住一个信条——天上不会掉馅饼，世界上没有免费的午餐！如果不是互有利益关系，谁也没有义务为你提供免费的午餐。这就好像糖衣炮弹，蜜糖下包裹的可能是致命的毒药。

收下免费的午餐，就得收下伴随而来的诸多麻烦，这就会叫你“吃不了兜着走”。所以，你应时刻保持清醒的头脑，对办公室的环境、周围人士的真正意图随时提高警惕，尽可能做到未雨绸缪。要始终坚信：任何天上掉下来的馅饼都是有毒的，所有免费的午餐都是陷阱。

“天下熙熙皆为利来，天下攘攘皆为利往。”所有人都是围绕着利益打转。天下没有不图回报的投资，这是一条铁律，轻视它的人是自找苦吃。

金科玉律二：领导很重要，靠山更重要

中国民间有句俗语说："良禽择木而栖，良臣择主而事。"只有选择对了，优秀人物的才华和抱负才能实现。

在中国历史上有许多愚忠之臣，他们死守做臣的道德准则，即使面对昏庸无比的皇帝，也死心塌地地跟着。到头来，一腔热血最终洒在了崩溃王朝的废墟中，成了那个时代的殉葬品。他们的精神固然值得钦佩，但他们的做法实在是有待商榷。

时代是不断变化发展的，人的思想也应该不断跟着前进。姜子牙助文王灭纣便成了永垂的美谈，而那个可怜的比干的下场便是愚忠之臣的镜鉴。识时务者为俊杰，择主依时而变在任何时代都是一条颠扑不破的做人准则。所以，必须选择一块适合自己生长的土地，让自己的理想之花在适合的气候和土壤中萌发。

当然，人生在世，单靠一块用武之地是很难成就大事的。自古以来，帮派之争在国家政治中得到了最为淋漓尽致的表现。在社会生活的各个角落，也都时时闪现着它的身影。在职场中，这种纷争也时常硝烟弥漫，毫不逊色。是江湖就有纷争，是纷争就有成功与失败。不管是勇往直前，还是钩心斗角，每个人都有自己的应对之法。采取什么样的方法来面对这场纷争，是对自己的一种考验。任何身在职场中的人，想要置身事外，都是不太可能的事情。有些时候，想要置身事外非但不能如己所愿，反而会使自己遭遇更悲哀的处境。于是，我们就开始积极寻求保全自身的最好办法。对于职场中人而言，放弃自己的清高之念，精心挑选属于你的那棵大树，然后忠心于他，努力获取他对你的鼎力支持。这样一来，即便风雨来袭，也终会有你避风的港湾，有你稳固的靠山。

在大海之中，鲨鱼是十分凶狠的家伙，非常不好对付，许多鱼类都是鲨鱼的攻击目标。但有一种小鱼却能与鲨鱼共游，鲨鱼非但不吃它，相反倒为它供食，这种鱼就是鱼印鱼。鱼印鱼的生存方式，就是依附于鲨鱼，鲨鱼到哪儿它就跟到哪儿。当鲨鱼猎食时，它就跟着吃一些残羹冷炙。同时，因为它还会为鲨鱼驱除身体上的寄生虫，鲨鱼不但不反感它，反而十分感激它。因为有鲨鱼的保护，鱼印鱼的处境十分安全，没有鱼类敢攻击它、能攻击它。

动物都懂得为自己寻找可靠的靠山，更何况我们人呢？烈日当头，为自己找到一棵乘凉之树，可以避免很多不必要的挫折与烦恼。当然，如果你本身天资过人，勤奋有加，那你可以说，我不必依靠他人，我要靠自己的努力来获得成功。这当然是最好不过的了，你不必靠这种方法获得成功。倘若你自认为本领不强，同时也想减少挫折，那不妨找棵树靠靠，增加你成功的机率。很多成功人士都是如此。

当然了，天上不会掉馅饼，贵人也不会主动找上门来。攀龙附凤，首先要懂得如何结交龙、结交凤。出人头地的愿望人人都有，这也是人们正当的追求。它不但有利于个人的发展，更有利于社会的进步。在努力上进的同时，为自己找到一个或几个贵人，不但能让自己早日迈向成功，更能让自己以一种积极的态度面对生活，也让自己的生命变得更加充实。总之，结交权贵、攀龙附凤这些做法虽有沽名钓誉之嫌，但只要不损害别人的利益，就是光明正大之举，寻找贵人、依靠贵人也自然值得世人借鉴。

人在职场，往往要面对众多的利益冲突，自己在不知不觉中就会被卷入其中，骑虎难下。正所谓：“船大才能如履平地，树大才能遮阴避雨。”追寻自己的遮阴大树，不失为一种生存之道、明智之举。而学会做事，就一定要认准自己的靠山，既能像水一样适应，也能像冰一样抗争。

金科玉律三：提防小人，与其友好相处

在办公室里，竞争有时就是披着美丽外衣的丑恶怪物，我们往往在情感与理智之中迷惘，在你死我亡的较量中使一些人际关系变得不堪收拾。

于是，竞争使办公室关系的天平多了一个砝码。这个砝码将造成怎样的倾斜，你一定要做到心中有数才行。

伪善的面孔容易让人信服，有时我们还会去为一些虚伪的人尽心效力，被人卖了还在帮人数钱，这不能不说是人生的一大悲哀。所以，在职场生存，我们可以不聪明，但是不能不小心。

要知道，小人是琢磨别人的专家，他们敢于为小恩怨付出一切代价。因此，对付小人没有一套办法是不行的。

李林甫是唐玄宗手下常伴随其身边的一个奸臣，心胸极端狭窄，容不得别人得到唐玄宗的宠爱。唐玄宗有个喜好，他比较喜欢外表漂亮、一表人才、器宇轩昂的武将。有一次，唐玄宗在李林甫的伴同下在花园里散步，远远看见一个相貌堂堂、身材魁梧的武将走过去，便感叹了一句：“这位将军真漂亮！”接着，便问身边的李林甫那位将军是谁。李林甫支支吾吾，说不知道。此时，他心里很慌张，生怕唐玄宗喜欢上那位将军。事后，李林甫暗地里指使人把那位受到唐玄宗赞扬的将军调到一个非常边远的地方，使他再也没有机会接触唐玄宗。自然，那位将军也丧失了升迁的机会。小人的行为让人莫名其妙，其心眼很小，眼里容不得沙子，为一点小荣辱就会不惜一切，干出损人利己的事来。

小人干正事没能耐，害别人很精通，骨子里装的全是个人的小算盘，不去靠积极工作提升自身的价值，却把全部心思用在暗算那些埋头实干而又缺乏防范的人身上，做梦都想踩着别人的肩膀往上爬，一心挖别人的肉补自己

的疮。办公室里，这种小人大有人在。他们或许就在你身边，如果你一不小心得罪了他们，那你就有可能会跌倒在“小河沟”里。但如果你时刻提防着身边的那些小人，并与他们友好相处，那你就有可能避免小人的陷害。

郭子仪平定安史之乱，立了大功。但他并不居功自傲，为防小人嫉妒，他格外小心。一次，朝中有一个地位比自己低的官僚要来拜访郭子仪。郭子仪事先做了周密安排，让所有的侍女到时候都避开，不要露面。郭子仪的夫人对此感到不理解，问他为什么这么做。郭子仪告诉夫人，这个官僚是个十足的小人，身高不足五尺，相貌奇丑，很忌讳别人说他丑。郭子仪担心侍女见了这个人会发笑，因而让所有侍女都躲起来。郭子仪对这个官僚太了解了，在与他打交道时小心谨慎。后来，这个小人当了宰相，极尽报复之能事，把所有以前得罪过他的人统统陷害掉，唯独对郭子仪比较尊重，没有动他一根毫毛。这件事充分反映了郭子仪对待小人的办法既周密又老练。

虽说小人一般都心狠手辣，为达到自己的目的可以不择手段，但我们并不怕他。之所以要避开小人，是因为我们不值得把太多的精力浪费在一些没有价值的争斗上。一旦把握不好自己的行为界限，得罪了小人，他就会想方设法来琢磨你，破坏你的正事，分散你的精力，使你不能安心于工作、学习和生活。所以，所有想干好正事的人都必须绕开小人。如若绕不开，就要小心提防，与其友好相处。

以前，有个和李涯同时进这个单位的同事小张，性格内向，每天就看他低着头、皱着眉，好像有天大的事正待他思考拍板。

而李涯天生开朗，和每个同事的关系都很好。大概是李涯和小张性格相差太大的缘故吧，他们之间的关系并不怎么好。因为李涯工作表现突出，人缘也特别好，领导准备提拔李涯为市场部经理，便找李涯谈话。也不知道这次谈话内容怎么被小张知道了，他就开始冷嘲热讽，意思是李涯很会拍马屁，说李涯是因为走后门才得到这次提升的机会。而且小张也不顾忌什么，就当着所有同事的面讽刺李涯，每次都把李涯整得挺尴尬。但李涯并不和他一般见识，就等着正式任命下来。正式任命如期下来了，但他们单位还有一个规定，就是正式任命下来后还要在原单位里待一个月，征求大家的意见。在一般情况下，这也只是走走形式而已，并不会有太大的变故。

但过了一个星期，上司领导来找李涯谈话，说单位收到一封匿名信，说李涯的生活作风有问题，还极其详细地写道：“某年某月某日李涯与某个有夫之妇发生关系，此后两人还经常往来。”看到这样的诬陷，李涯很是气愤，这一老掉牙的招现在居然还在使用。大概是觉得李涯的妻子一直卧病在床，就有被怀疑的理由，信的署名是“一个伸张正义打抱不平的人”。李涯立刻想到这个人就是小张，因为平时嫉妒排挤抢功总少不了他的份儿，而他一开始的表现也实在让李涯怀疑。幸好上司领导对李涯有足够的了解，也对这种匿名告状的举动很不屑。最后，这件事情就不了了之了，李涯还是如愿以偿地当上了市场部经理。在李涯升职之后没几天，小张就提出了辞呈。这样一来，李涯就更确信是他了。

虽然被小张很阴险地在背后“戳”了一下，但李涯是很大度的，不会给他小鞋穿。其实，小张完全没必要辞职。

用郑板桥的“难得糊涂”做挡箭牌来对付明枪暗箭，不失为很有成效的明智之举。那些放暗箭的人，大多是出于妒忌之心，目的是为了贬低你。如果你对那些小人耿耿于怀，从而影响了工作，那就正好中了他们的箭。

被一个人放“暗箭”，可以不当一回事，因为要么是他在嫉妒，要么是他心理有问题；但如果被很多人放“暗箭”，那就要检讨自己了，很可能你的为人处世确实讨人嫌。

“口蜜腹剑”是小人真实面目的写照。“口蜜”只是为了麻痹对方，而“腹剑”才是他真正的目的。

对付这类小人，一定要做到“害人之心不可有，防人之心不可无”。多留意一下身边的小人，尽可能地免遭他们的伤害。但如果你没能躲过那些射来的暗箭，只要不让这种欺骗和陷害梗塞于心，就会摒弃许多个人的痛苦和烦恼。在此基础上，一定要吸取教训，不可缺了“防人之心”。

小人难养，小人难处，与小人交往很困难，而与小人搞好关系更是难上加难，也没必要。所以，面对小人，我们所要做的不是主动去同他搞好关系，而是要想方设法让其远离我们。其中，最重要的就是要小心谨慎。

金科玉律四：人脉也是一种职场竞争力

当今社会流行一句话："一个人能否成功，不在于你知道什么，而在于你认识谁。"这"认识谁"就是一种人际关系！这种关系说到底就是人脉竞争力，是指一个人在人际关系、人脉网络上的优势，它在一个人的成就里扮演着极其重要的角色。如果光有专业（假如专业能成功的话），没有人脉，个人竞争力就是一分耕耘一分收获。倘若加上人脉，个人竞争力将是一分耕耘数倍收获。

因此，一个人若要成功，就一定要营造一个成功的人际关系，包括家庭关系和工作关系，提升人脉竞争力！我们说，只有在良好的人际氛围中，才能精力充沛、心情愉快地投入到工作中。

人脉关系一直是比较微妙的。很多人认为，社会之中难以交到朋友。其实不然，所谓"四海之内皆兄弟"，只要你愿意和用心与人交往，那么好的人缘对你来说并不遥远，而人缘也会为你在事业上增加成功的机会。

詹姆斯在一家大企业做销售经理，被总公司外派到海外去工作。两年后，他辞了职，提出的唯一请求是："允许我继续使用企业配备的手机号码。在海外工作两年，人脉是我唯一的资源。如果换了手机号，原来的朋友、客户很可能找不到我，那我就真是一无所有了。"詹姆斯这样说。

多年来，詹姆斯以"人脉"和政府关系为资源，为地方政府招商引资，赢得丰厚的回报。

詹姆斯辞职后，摇身一变，成为"斯坦福工业园"的高级顾问，月薪8000美元。所谓顾问，其实就是向那些有兴趣到斯坦福投资的商家宣传斯坦福，介绍合适的项目，最终说服其在工业园区投资设厂，并为他们争取尽可能优惠的条件，从而赚取不菲的佣金。

到斯坦福的第一年，詹姆斯就到人才聚集的斯坦福大学，结交了很多企业老总和政府要员。他和该市的一位副市长的交情就是从那儿开始的。另外，詹姆斯的经历相对简单，这在州政府眼里无疑是一个很好的政治保障。渐渐地，詹姆斯成了有名的“热心肠”，经常有新到的厂商慕名找上门来。这当然会消耗他一些时间和金钱，但他说：“对于我这种靠人脉吃饭的人，这是必要的投资。”

短时间内，詹姆斯就为工业园区陆续引进了几个大投资项目。后来，他还同时兼任附近几个工业园区的顾问。他名片上的顾问头衔每增加一个，收入就增长一倍。

商界有句名言说：“一流人才最注重人缘。”其实，这句话倒过来应该说：“最注重人缘的人，才能成为一流人才。”确实，人缘是很微妙的东西。我们平时的一举一动，所接触的大小人物，都很可能影响到以后的工作。假如你能和许多人建立良好的人际关系，使他们成为在事业上帮助你的朋友，在生意上照顾你的顾客，相信你的事业一定会非常成功。所以，在与人交往的过程中，你喜欢谁并不重要，重要的是谁对你有用。虽然这句话听来有些许的功利性，但是想要取得大的成功，就一定要与各种人物交朋友。对于职场人士来说，更是如此。因为职场不是一个可以自主选择喜好的地方，因为职场给你薪水，买断了你工作的时间。在这个时间内，你就不是本来的你，你不应该有任何从自我意识出发的喜好，你只能站在工作和利益的角度上来分析，自己应该怎么做，不应该怎么做。可以说，喜好从来都不是职场中判断人的标准，只有利益才是你选择职场伙伴的唯一标准。

总之，无论你在什么企业或什么单位，跟上司和同事搞好关系都是十分重要的。它将直接影响你是否能获得表现才能的机会及获得提升的机会，它还会直接影响到工作业绩。缺少了上司的支持与同事的配合，很多工作都将很难办好，自己也会由此失去很多成功的机会。因此，要些“手段”笼络人脉，从而赢得同事对自己的支持，不失为明智之举。雄厚的感情根基，是任何东西都无法企及的。玩转了自己的圈子，深刻领会到领导的意图，让同事和下属把你当成主心骨，也就等于玩转了自己的前程。

在职场中，很重要的一个因素就是人脉。成功的路有很多，但成功的捷径却很少。拥有了人脉，也就拥有了走向成功的捷径。

金科玉律五：工作态度决定职场命运

据来自哈佛大学的一份研究报告称，他们发现："一个人如果得到一份工作，那么能不能做好，85%取决于其工作的态度，只有15%取决于其智力和能力等。"所以说，工作成绩的好坏，主要取决于工作态度，而不是那些所谓高学历、高水平等东西。一个人的工作态度折射着一个人的人生态度，而一个人的人生态度决定了一个人的工作成就。如果一个人面对工作只觉得是一种苦役，就像奴隶在主人的皮鞭督促之下一样，那他在事业上绝不会取得重大的成就。

有这样一个故事：

一天，主人把货物装在两辆马车上，让两匹马各拉一辆车。在路上，一匹马渐渐落在了后面，并且走走停停。主人便把后面一辆车上的货物全放到前面的车上去。当后面那匹马看到自己车上的东西都搬完了，便开始轻快地前进，并且对前面那匹马说："你辛苦吧，流汗吧，你越是努力干，主人越要折磨你。"

到达目的地后，有人对主人说："你既然只用一匹马拉车，那你养两匹马干吗？不如好好地喂一匹，把另一匹宰掉，总还能得到一张皮吧。"于是，主人便真的这样做了。结果，那匹说风凉话的马被主人杀了。

工作态度就像个人形象一样，也能反映出一个人的思想，可以改变他人对你的看法。那些把工作看成一种负担，整天混日子的人，不仅自己不快乐，最终还会迎来被淘汰出局的日子。而那些认真工作的人，不仅能以快乐的心态安之若素，对别人也会形成一种感染力，并且会得到他人的尊重。终有一天，这些人会成就一番大事业。

有三个砌墙工人在砌墙。有人看到了，问其中一个工人："你在做什么？"

这个工人没好气地说："没看见吗？我在砌墙！"于是，这个人转身问第二个人："你在做什么呢?"第二个人说："我在建一幢漂亮的大楼!"这个人又问第三个人，第三个人脸上露出自豪的表情，欢快地说："我在建一座美丽的城市。"

三个人不同的答案体现出他们三人此时的心态，而这种心态则决定了他们今后的路，决定了他们所取得的成就。即使不看他们日后的命运，第一个人的答案也同样会让人感到一股烦躁之气，而第三个人的答案却让人心里一亮，分外舒服。不管何时，当你愁眉苦脸地面对自己的工作时，再好的工作也不会有什么成效；而同样平凡的工作，一样的看似简单重复，枯燥乏味，倘若能以积极快乐的心情面对，在平凡中感知不平凡，在简单中构筑自己的梦想，那还有什么困难不能克服呢?

也许有人会说，遇到困难是不可怕，可面对每天一成不变的工作，很容易让人产生厌倦感，渐渐地会失去第一天工作时那样的热情。是的，相信大多数人都有过这样的体验。在第一天过后，工作激情慢慢消退，热情也磨光了，当初的斗志也不存在了。更多的人是拿着固定的薪水，混着日子。但是，还有一些问题是我们不曾遇到的，那就是我们应该学会挖掘工作中的新鲜感，不断审视自己，把那些无法解决的问题想尽办法去处理。当你解决掉一个又一个问题后，你会发现自己又找回了第一天工作时的激情。

其实，很多时候，前进的理由只要一个，后退的理由却要一百个。有的人整天找一百个理由证明他不是懦夫，却从不用一个理由证明他是勇士。所有认为职场不合理的人，都是失败者。而几乎所有的成功者，都觉得一切都是合理的。

同样的职场，对不同的人而言就有这么大的区别?

其实，一切都是心态的问题。失败者不能适应职场，所以把责任推卸给外部。而成功者抓住每一次机会，努力地适应职场，让自己游刃有余。

那么，身在职场的你，将何去何从？是调整自己的心态，享受工作给你带来的乐趣与快乐，还是把工作看作一种谋生的手段，当作混一碗饭吃的一件差事，让自己在平庸与烦闷中迷失前进的方向?

想要在职场成功，靠的不只是技术，更重要的是心态。没有一个迎合世界、不断变革的心态，就永远只能在自我的世界里坚持自我。这样的人可以是很好的艺术家、很好的作家，却不可能成为职场的成功者。

金科玉律六：办公室里的主角和龙套

我们每个人都是平凡的——至少出生时都是芸芸众生中的一员、茫茫人海中的一个。所以，平凡既不可耻，也不是你的错，因为它不是任何人主观所能决定的。但甘于平庸却又完全是另外一回事，因为它恰恰是一种出于主观的生活态度。

所谓甘于平庸，也就是安于现状，不思进取，得过且过，面对困难、挫折，缺乏自信和坚忍；面对人生的机遇、挑战，缺乏勇气和魄力。空有梦想，甚至根本没有梦想。如果你是一个员工，你也不会喜欢与这样的人结交；而如果你是一个企业主管或企业老板，你也绝不会需要一个这样的员工、下属。因此，甘于平庸是一条注定会越走越窄的路。对于还未进入社会或刚刚准备进入社会的人来说，他的应聘就业之途已注定堪忧，他的“平庸气质”必然会被面试考官所感觉到，进而不会愿意给他机会；而对于那些已经在社会、事业中摸爬滚打的人，他的光明前途也已隐约可见。

有句话说得好：“成功永远取决于你的成功动机。”那么，一个没有渴望成功之心的人，又怎么可能成功呢？在这样一个人人时刻都在向前奔跑的时代，原地踏步或满足现状，其实已经等于在时刻后退。因此，如果你不想为社会、生活所落下，乃至被淘汰，就应该让自己变得不可替代。

有这样一个耐人寻味的故事：

有一位占星师的预言很灵验，这使国王感到很不安。于是，国王就想置他于死地。一天下午，国王召见了占星师。在占星师到来之前，国王命令埋伏在周围的士兵们，一旦他给了暗号，就冲出来杀死占星师。

不一会儿，占星师到了。国王想嘲弄一下占星师，就问了他一个问题：“你声称了解占星术而且清楚别人的命运，那么你能告诉我，你自己的命运如何？你能活多久？”

“我会在陛下驾崩的前3天去世。”聪明的占星师早已察觉了国王的真正意图，所以对国王的问话做了巧妙的答复。因此，也保全了自己的性命。

让别人相信失去你可能会给自己招致灾难，甚至是死亡，让别人需要你，就不敢冒风险去找答案，这就是占星师的真正法力之所在。那么，作为职场中人，我们只有让别人真正地需要自己，进而成为办公室里的主角，我们才能在竞争激烈的职场中有所发展，成为老板器重的人。

当然，要想成为办公室里的主角，一定要有自己的理想，理想是我们职场行动的方向。没有理想，我们的热情便无处释放，无所归依。有了理想，我们的斗志才会被激发，才能充分发挥我们的潜能。

一个有梦想的人，才会去追求自己的梦想；一个有伟大梦想的人，才会去做伟大的事情。要做主角还是跑龙套，完全取决于你的选择。

金科玉律七：藏锋露拙，低调做人

古语云："猛虎藏于山野之中，伺机而动；俊才隐于众生之中，待机而行。"是故真人杰也，不彰，不矜，不显，不明，不扬，不呈，如此则外可保其才，内可养其性，为凡人所不能为之事，成凡人所不能成之大业也！

《三十六计》"假痴不癫"里也讲道："宁伪作不知不为，不伪作假知妄为。静不露机，云雷屯也。"意思是，宁可假装糊涂不做任何事情，也不可以轻举妄动，故作聪明。要冷静沉着，锋芒不露，好像云雷蓄而不发一样。

对此，有人就问，难道聪明不好吗？其实不然，几乎所有人都希望自己聪明，但嫉贤妒能几乎是人的本性，愿意别人比自己强的人并不多。所以，有才能的人会遭受更多的不幸和磨难。木秀于林，风必摧之。如若一个人自恃聪明，一味狂妄自负、骄傲自大，只会为将来的不幸埋下伏笔。

三国时，杨修是曹营的主簿。在《三国》一书中，他是思维敏捷的官员和有名的敢于冒犯曹操的才子。杨修很聪明，能看透别人看不到的很多东西，能猜透别人猜不透的很多东西。然而，他又很愚蠢，不知如何保护自己，他锋芒毕露的个性使他最终走上了绝路。

曹操曾经建造了一所花园。竣工之后，曹操去看了，没说好，也没说不好，只是举笔在门上写了一个"活"字就走了。大家都不明白其中的意思。杨修说："门内添活字是阔字，丞相嫌园门太窄了。"因此，就重新建造园门。改造停当后，再请曹操来看。曹操见了大喜，问道："谁知道我的意思？"左右说："是杨修。"曹操表面上虽然称赞，其实心里已忌讳杨修了。又有一天，塞外送来一盒酥。曹操信笔涂鸦，写上"一盒酥"三字，放在案头。杨修进屋后见了，直接拿了出来与大家分吃了。曹操看见了，问道："为什么要吃？"杨修回答："盒上分明写着一人一口酥，难道敢违背丞相的命令吗？"曹操表面上高兴，其实内心很厌恶杨修了。杨修恃才放旷若此，殊不知曹操也是才高八斗的文人，还是拥有极权的奸雄。与拥有权力的人比才华，那就命运堪忧了。

曹操害怕别人暗中谋害自己，曾经吩咐左右："我在梦中好杀人，只要我睡着，你们千万不要走近我。"一次，曹操休息时被子落在地上，一个近侍赶紧过来给曹操盖上。曹操从床上一跃而起，拔剑斩了近侍，又上床睡觉。半夜起来，他装着吃了一惊，问："什么人杀了我的近侍？"大家说了实情，曹操失声痛哭，命令厚葬近侍。大家都认为，曹操果然是梦中杀人。只有杨修知道曹操的用意，临葬时指着棺材说："丞相不是在梦中，只是你在梦中罢了。"杨修竟敢揭穿曹操的险恶用心，足见其不知天高地厚。

杨修最后一次显露才华是在曹操率军与蜀军作战，战事失利，进退两难之时。当时，曹操心中犹豫不决，刚好厨子呈进鸡汤。曹操看见碗中有鸡肋，因而有感于怀。正沉吟间，夏侯惇请示夜间号令，曹操随口说："鸡肋、鸡肋！"杨修见传"鸡肋"二字，便让随行军士各自收拾行装，准备归程。有人报知夏侯惇。夏侯惇大为吃惊，就请杨修到帐中问道："您为什么让人收拾行装？"杨修说："以今夜的号令，便知魏王很快就要退兵回去了。所谓鸡肋，吃着没有肉，扔了又觉得它有点味道。现在，进不能胜，退又怕人笑话，在此没有好处，不如早归。明天，魏王一定班师回转。所以，先收拾行装，免得临行慌乱。"夏侯惇说："您真知道魏王的心思啊！"便也收拾行装。于是，寨中各位将领无不准备归程。当夜，曹操心乱不能稳睡，就手提钢斧绕寨子独自行走，只见夏侯惇寨内军士正收拾行装。曹操大惊，急忙回帐问夏侯惇。夏侯惇说："主簿杨修已经知道大王撤军的意思。"曹操叫来杨修，问他怎么知道。杨修就将鸡肋之意对答。曹操大怒："你怎么敢造谣乱我军心！"叫来刀斧手推出去斩了，把首级悬挂在辕门外。

上司毕竟有他的权力，一旦你表现出才智超过他，他便有一种不安全的感觉。他不会让你长期这样下去，这可以说是人性的必然。就像杨修，他过分外露才华，显示自己能看透别人内心秘密的表现，使他成了刀下之鬼。《菜根谭》说："君子要聪明不露，才华不逞。"如果一个人总是喜欢显露自己的才干，那么他必然会遭受更多的挫折。所以，千万不要做这样的无知者！从现在起，让自己真正低调起来，从内心里谦逊起来，而不是假装低调的样子。要知道，假装的低调没用，因为它是一种更加明显的炫耀姿态。世界上没有谁是傻瓜，没有人是看不出来的。我们需要做到真正的不张扬、真正的谦卑和真正的努力。如果你能做到这一点，你就能慢慢变成一个最明智的人，一个有能力改变自己命运的人。

但是，不张扬并非让你不作为，内敛也不是让你将自己锁进大箱子，而是等待最佳时机，然后一鸣惊人。况且，如果没有前期大智若愚的铺垫，一鸣惊人的效果也不会达到。整天忙着表现自己的人，其实永远也不会惊人。

聪明在关键时刻表现出来，才会有爆发力，才能引起众人足够的关注，留下深刻的印象。那些平时聪明过度的人，他们的心思全用在如何吸引大家的眼球上，轻浮冲动、沉不住气，到了紧要关头，反而拿不出让人眼睛一亮的东西，于是也就现了原形。

只要你有真才实学，工作能力强，就一定会被老板看见。不要以为在同事老板面前提高个人知名度的唯一方法就是锋芒毕露，偶尔装一下傻，一样可以增加在领导面前曝光的机会。

金科玉律八：办公室里，每个人都是你的贵人

人与人之间的关系，永远都在改变当中。一个人如果不能用长远的眼光看事情，必然会给自己带来麻烦。“螳螂捕蝉，黄雀在后。”当你在欺负人的时候，必定还有另一个权势比你更大的人在注视着你，而你怎么对别人，别人也会怎么对你。

因此，真正能搞好人际关系的人，不但时时懂得尊重上司，也时时懂得爱护同事及新进人员，全方位地经营人际关系。这是因为，你永远都不知道，什么时候你身边不起眼的人会变成你身后的黄雀，甚至是黄雀身后的猎人。

所以，在办公室里，只有懂得经营人际关系，懂得办公室里的“规矩”，才能在办公室“战争”中游刃有余，步步高升。

1. 融入同事的爱好之中

俗话说“趣味相投”，只有共同的爱好、兴趣才能让人走到一起。融入同事的爱好之中，才能和同事有共同语言，也才能更有效地交流与沟通。

2. 不要独享荣耀

与同事和上司分享你的荣耀，不仅给人一种谦虚的印象，还可借机联络一下彼此的感情。所以，当你在工作上有特别表现而受到肯定时，千万不要独享荣耀。否则，这份荣耀会为你带来人际关系上的危机。

3. 得意之时莫张扬

每当自己工作有成绩而受到上司表扬或者提升时，不少人往往会在上司没有宣布的情况下，就在办公室中四处招摇，或者故作神秘地对关系密切的同事细诉。一旦消息传开，这些人肯定会招同事嫉妒，眼红心恨，从而引来不必要的麻烦。

当然，除了在得意之时不要张扬外，即使在失意之时也不能在公开场合

向其他人诉说上司的种种不是。否则，不仅自己倒霉，而且还要牵连其他同事也犯同样的错误，怎么会不被惩罚。要是这样的话，不但上司会厌烦你，同事们更加会对你恼怒，你以后在单位的日子肯定不好过。所以，无论在得意时还是失意时，都不要过分张扬，以免给工作带来障碍。

4. 闲聊的话不要深究

在办公之余，同事之间在一起闲聊是一件很正常的事情。而许多人，特别是男同事在闲聊时，多半是为了在同事面前炫耀自己的知识面广，同时向其他同事传递这样一个信息，那就是：你们熟悉的，我也熟悉；你们不熟悉的，我也熟悉！

其实，这些自诩什么都知道的人所知道的也不过是皮毛而已，大家只是心照不宣罢了。你要是想满足自己的好奇愿望，打破沙锅地向对方发问，对方马上就会露馅。这样一来，闲聊的时间自然不会太长，却扫了大家的兴致，也会让喜欢“神侃”的同事难堪。相信以后再闲聊的时候，同事们都会有意无意地避开你。

所以，在任何场合闲聊时，不求事事明白，问话适可而止，这样同事们才会乐意接纳你。

5. 不随意泄露同事的隐私

如果同事能将自己的隐私告诉你，那只能说明同事对你已是相当信任，你们之间的友谊肯定要超出别人一截，否则他不会将自己的私密全盘向你托出。除非是小人，故意在利用你。而既然是隐私，也总会带有一些不可告人或者不愿让其他人知道的隐情。所以，你最好不要随意泄露。要是同事在别人嘴中听到自己的私密被公开曝光，不用说，他肯定认为是你出卖了他。被出卖的同事肯定会在心里不止千遍地骂你，并为以前付出的友谊和信任感到后悔。

因此，不随意泄露同事的隐私是巩固职业友情的基本要求。如果这一点做不好，恐怕没有哪个同事敢和你推心置腹了。

6. 远离搬弄是非者

“为什么某某人总是和我作对？这家伙真让人烦！”“某某人总是和我抬杠，不知道我哪里得罪他了！”……办公室里常常会飘出这样的流言蜚语。要知道，这些流言蜚语是职场中的“软刀子”，是一种杀伤性和破坏性很强的武器。这种伤害可以直接作用于人的心灵，它会让受到伤害的人感到厌倦不堪。

要是你非常热衷于传播一些挑拨离间的流言蜚语，至少你不要指望其他同事能热衷于倾听。经常性地搬弄是非，会让单位中的其他同事对你产生一种避之唯恐不及的感觉。要是到了这种地步，相信你在这个单位的日子也不会太好过，因为已经没有同事把你当回事了。

7. 低调处理内部纠纷

在长时间的工作过程中，与同事产生一些小矛盾，那是很正常的事。不过，在处理这些矛盾的时候，一定要注意方式方法，尽量不要让你们之间的矛盾公开或激化。

办公场所也是公共场所，尽管同事之间会因工作而产生一些小摩擦，但一定要理性处理摩擦事件，不要表现出盛气凌人的样子，非要和同事做个了断、分个胜负。退一步讲，就算你有理，要是你得理不饶人的话，同事也会对你敬而远之的，觉得你是个做事不留余地、待人不给面子的人，以后也会在心中时刻提防着你。这样一来，你就可能失去一大批同事的支持。此外，被你攻击的同事将会对你怀恨在心，你的职业生涯又多了一个“敌人”。

8. 牢骚怨言要远离嘴边

不少人无论在什么环境中工作，总是怒气冲天、牢骚满腹，逢人便大倒苦水。尽管偶尔的推心置腹的诉苦可以构筑出一点点办公室友情的假象，不过像祥林嫂般唠叨不停迟早会让周围的同事苦不堪言。

也许你自己把发牢骚、倒苦水看作与同事们真心交流的一种方式，不过，过度的牢骚怨言会让同事们感到疑惑：既然你对目前的工作如此不满，为何不跳槽，去另谋高就呢？

9. 同事之间不要有金钱往来

同事之间尽量不要有金钱往来。办公室里本来竞争就多，与同事有金钱往来，就会增加过多的竞争。但如果遇到同事跟你借钱时，就应妥善处理。

比如，你刚进企业不久，就碰到同事前来向你借钱，数额还不小。面对这种矛盾，说不定你会深感困惑，不知如何是好。借给别人吧，自己工资也不是很高，显得心有余而力不足。不借吧，又怕得罪了他，影响日后彼此的关系。怎么办呢？这时，你会左右为难。其实，你最好明确地拒绝他，并且诚恳地把自己的实际情况讲给他听。只要他是个通情达理的人，就会理解你。如果你将钱借给他了，而他迟迟不还，那你就应该直接开口向他要，因为他也许已经忘记了。同样的原因，你也不要随便向他人借钱。如果你不得已借了，则应该及时还给人家。不然，会在同事中留下不好的印象。

10. 不私下向上司争宠

要是有人喜好巴结上司，想在上司面前争宠的话，肯定会让其他同事看不惯而影响同事之间的工作感情。要是真需要巴结上司的话，应尽量与多人相约一起去巴结上司。不要在私下做一些见不得人的小动作，让同事怀疑你对友情的忠诚度，甚至怀疑你人格有问题。以后，同事再和你相处时，就会下意识地提防你，因为他们会担心被你出卖，怀疑你借着献情报而爬上领导位子。一旦你被发现出卖了同事的话，同事之间的和谐关系也将宣布完蛋，就连其他想和你共处的人都不敢再靠近你了。

因此，不私下向上司争宠，也是确保同事之间和平共处的方式之一。

在职场生涯中，每一个人都不可能凭一己之力成功，搞好与同事及上司的关系，可以在需要的时候获得他们的帮助，至少他们不会扯你后腿。

金科玉律九：投资“人情”生意，做储蓄人情的高手

不管时代如何变迁，人情是永不贬值的投资产品。今天流到你那儿，明天流到我这里，在不息的流动中不断升值，但前提是必须有定时储蓄的好习惯，才能真正拥有它。

有调查显示，51%的职场人士正处在人情账户储蓄期，人情投资是他们的主要关注点；29%的人处于人情账户平衡期，既有人情的消费，也有人情的投资；还有2%的人属于账户透支型，他们欠了一身的人情债，没法还；当然，也有18%的人表示，他们没有人情账户。“对于没有人情账户的职场人来说，这是一个危险的信号，预示着你会越来越脱离这个社会群体，到最后就会成为孤家寡人”。

俗话说：“在家靠父母，出门靠朋友。”多一个朋友，多一条路。要想人爱己，己须先爱人。因此，我们应当时刻存有乐善好施、成人之美的心思，才能为自己多储存些人情的债权。这就如同一个人为防不测，必须养成“储蓄”的习惯一样。

虽然许多人都知道人情投资的重要性，可怎么做才能恰到好处，做一个善于投资人情生意的高手呢？以下几点就能让你如愿以偿：

1. 扩充自己的客户档案

当你手中握有几张初识者的名片时，必须迅速出击，把它扩充十倍、百倍。这是因为，它将是你人际交往的生命线，可以成为你随时可用的“储蓄”。要做到这一点，就要突破清高爱面子、不喜欢主动与人交往的心理障碍。当然，也不能急于将陌生人发展成自己的客户，而是需要耐心“和面”。所谓“慢工出细活”，干什么都不能操之过急，交朋友也是如此。只要有耐心，就一定能取得别人的理解和信任，让自己的“储蓄”越来越多。

2. 要真诚待人

《战国策》中说："以财交者，财尽而交绝；以色交者，色衰而爱移；以诚交者，诚至而谊固。"细节上的真诚更能体现你的内心。从某种意义上说，"顾客就是上帝"并不是说给客户听的，而是说给自己听的。只有你内心将其消化了，才能将其融入行动中。要想做到"润物细无声"，就要先理解对方，然后才能真诚相待，你的人情也才能做到点子上，让人真正感受到你的善意。有时候，那些热情夸张、殷勤过火的行为反而显得不够真诚，让人无法接受。

3. 要树立你的个人口碑和形象

通过自身品德和知识修养，慢慢积累你的影响力，让大家都说这个人值得一交，说话办事也极其到位。这时，你的社会资源就会越来越多，你的才能也将得到最大限度的施展。

总之，人际往来，帮忙是互相的，切不可像做生意一样赤裸裸地，一口一个"有事吗"，"这次你可帮了我大忙，以后有事我一定帮你"。忽视了感情的交流，就会让人兴味索然，彼此的交情也注定维持不了多长时间。

俗话说："鸟可为食而亡，人可为情所动。"人是有感情的动物，每个人都难逃一个"情"字。人情投资，是拓宽人际、增强人脉的有效手段。凡是成大事的人，无不善于围绕"情"字做文章。

金科玉律十：害人之心不可有，防人之心不可无

古人说得好："害人之心不可有，防人之心不可无。"在现实社会里，大到国家之间的争端，小到个人之间的利害关系，欺诈可说是无处不在。因此，与其说欺骗他人是不正当的行为，倒不如说吃亏上当的人太单纯。身在职场，不能没有防人之心。或许我们不习惯以这种"小人"的心态来对待别人，但这是必要的自我保护意识。只有处处加以防范，小心谨慎，才能防止自己落入别人设下的圈套之中。

现实生活中，有些人有一个毛病，那就是心里搁不住事，一有不如意的事情，就表现在脸上，或者不分时间、对象、场合地把心事往外说。其实，把心里话说给别人听，也没有什么不对。好的东西要与人分享，坏的东西当然不能让它沉积在心里。要说也可以，但不能"随便"说。

里美是一个刚进企业不久的新人，工作做得蛮出色的，就是整天没有一点笑容。

企业的老员工张丽很热心地邀请里美去吃饭，节假日也常邀里美去逛商场超市。时间久了，张丽就告诉里美自己的秘密。听着张丽的这些事，里美不禁愣住了，觉得张丽就像一面镜子，和自己惺惺相惜。于是，里美也把自己的心事全都说了出来。原来，里美爱上了自己的上司。可没多久，里美发现同事们都用一种奇怪的眼光看着她。终于有一天，一个同事偷偷地对里美说："你的事，大家都知道了！其实，你的事不该告诉张丽，她是个大嘴巴，她知道你的私事。""可是她，她不也一样……"里美疑惑地说道。同事听后，笑了笑，对里美说道："什么一样？人家张丽和她老公幸福得很哟。"

里美的失败就在于，以为别人与自己有相同的遭遇，就轻易说出自己的秘密。在人性的丛林里，无处不存在着欺诈。欺诈并不是什么违背伦理的罪

恶。凡是有利于自己的生存、有利于个人能力实现的，都是正当的、合理的。西方哲人曾说过：“凡是存在的，都是合理的。”这话不无道理。既然我们存在，我们就有理由去生存、求发展。只不过，不能伤天害理、不能违法乱纪、不能损人毁己。

另外，竞争的特性也决定了欺诈的必然性。竞争使得我们不得不谨慎行事，竞争使得我们每个人必须努力走在同伴的前面，优胜劣汰的法则同样适用于我们。

当然，这并不是教大家要有害人之心。在同一个企业里，员工如果处处想着怎么整垮别人，事事都只为自己考虑，那么到头来也不会有好下场。用牺牲同事的利益来换取自己利益的行为，会导致整个团体陷入无序竞争。而这样的结果产生后，受害者是每一个企业成员，包括始作俑者。如果只有你一个人有害人之心的话，你就会被人孤立，企业也不会留你这样的人。所以，每个人都应该为自己的行为负责，不可有害人之心。

从某种意义上讲，不可有害人之心，是因为害人会有法律和道德上的问题，而且也会引发对方的报复。

总之，在职业生活的漫长岁月中，免不了会遇到出卖、敌意、中伤、陷阱等种种难以料想的事。如果能事先预料到这些事的发生，并一一克服，便能使你的工作生涯一帆风顺。那么，在现实生活中，该如何预防呢？

首先，“巩固城池”。也就是让人摸不清你的底细，具体做法便是不随便露出个性上的弱点，不轻易显露你的欲望和企图，不露锋芒，不得罪人……别人摸不清你的底细，自然不会随便利用你、陷害你，因为你不给他们机会。两军对阵，虚实被窥破，就会给对手留下很多可乘之机，“防人”也是如此。

其次，“防患未然”。兵不厌诈，争夺利益时，人心也不厌诈。因此，对他人的动作也要有冷静客观的判断。凡是异常的举动，都有异常的用意。将这个举动和自己所处的环境一并思考，便可以发现其中的玄机。

话虽这么说，人们却往往无法摆脱个性上的弱点，始终防不住人，何况“道高一尺，魔高一丈”。明末清初大学问家王夫之说：“小人之心，智者弗能测也，刚者弗能制也，料其必不能，而或能之矣；料其必不欲，而或欲之矣。”这样的评说真可谓一针见血：对于小人的心思，有智慧的人无法预测，刚强的人也没有办法压制，你料定他没有能力做那件事，然而他却做了；你料定他应该不会想要做什么，可是他却一心要做。类似这样的情境，当然无法让人预测得到，更不会给你机会让你去正常防御。当然，有这样的疏忽，很大原因是不知道小人竟然是关系较近的同事所致。所以说，身在职场，“害人之心不可有，防人之心不可无”是一句必须铭记的至理真言。

做人需要真诚，同事之间更需如此。但是，明枪易躲，暗箭难防。真诚并不等于毫无保留、和盘托出，尤其是对你并不十分了解的同事，最好还是有所保留，切勿把自己所有的私生活都告诉对方。同事间相处的最高境界是永远把别人当作好人，但却永远记得每个人都有可能不是好人。

金科玉律十一：最大的靠山是自己的价值

许多人总是抱怨命运的不公，总觉得没有伯乐赏识自己。其实，这种被动的等待只是徒劳，职场命运的主宰者就是你自己。是自叹怀才不遇，还是主动创造机遇；是自卑沉沦，还是自信奋发……这一切都由你来决定。只有充分把握自我，不断充实、发展、完善自己，你才能成为职场的常青树。

有这样一个传说：一个自以为很有才华的人，一直得不到重用。为此，他愁肠百结，异常苦闷。有一天，他质问上帝："命运为什么对我如此不公?"上帝沉默不语，只是捡起一颗不起眼的小石子，并把它扔到乱石堆中。上帝对那个人说："你去找回我刚才扔掉的那颗石子。"结果，那个人翻遍了乱石堆，却无功而返。这时候，上帝取下了手上的戒指，然后以同样的方式扔到乱石堆中。结果，这一次，那个人很快便找到了那枚戒指——那枚金光闪闪的金戒指。虽然上帝没有再说什么，但他却一下子醒悟了：当自己还只不过是一颗石子，而不是一块金光闪闪的金子时，就永远不要抱怨命运对自己的不公平。

职场上并没有怀才不遇，只有寻找机遇。怀才不遇是失败者的借口，寻找机遇是成功者的方法。很多人在职场拼搏，经历多次挫折和失败之后，就逐渐失去了斗志。激情死了，梦想迷路了，剩下的只有黯淡的眼神和悲伤的叹息。于是，他们开始感叹：这世界太不公平；我没有诱人的文凭；我长得不够漂亮；我没有令人羡慕的家庭背景；我讨厌吹牛拍马；我太善良，我憎恨办公室里的尔虞我诈；如果给我机遇，我也会坐拥一片自己的江山……但最终的结果是，他们依然抱怨，也依然怀才不遇！

一个不能靠自己的能力改变命运的人，既是不幸的，也是可怜的。这些人没有将命运掌握在自己手里，反而成为命运的奴隶。困难面前，任何忧郁、彷徨都毫无意义。事实证明："解铃还须系铃人。"自己才是救世主，自己才是人生最大的依靠。

金融界巨子罗基尔·基奇告诉我们："一个人如果既无阅历又无背景，只有自己可以依靠，那么，他最好的起步方法是：第一，获得一份工作；第二，珍惜这份工作；第三，培养勤奋、敬业的习惯；第四，认真学习和观察，获取真经；第五，努力成为不可或缺、举足轻重的人；第六，成为谦虚、有修养的人。"

总之，"靠山山倒，靠人人跑"，只有靠自己最好。只有不断提升自身的价值，让自己变成一块金子，你才能在等级森严的职场丛林中开创一片属于自己的天地。或许你会说："当满世界都是金子时，又怎么知道我是哪一块？"我可以告诉你，只要努力让自己变成最闪亮的那一块，你就知道自己是哪一块了！

许多人总是抱怨命运的不公，总是想着能得到别人的帮助。诚然，这社会上有不公平的事，也会有善良人士伸手拉你一把。但这是一种被动的等待，最有效的方法是加倍努力，不断提升自己的能力，成为命运的主宰者。

金科玉律十二：善用“拟态”和“保护色”

在动物世界里，“拟态”和“保护色”是很重要的生存法宝。“拟态”是指动物或昆虫的形状与周围的环境很相似，很难分辨出来。“保护色”是指身体的颜色和周围环境的颜色很接近，很难被它的天敌发现。正因为有“拟态”和“保护色”，大自然的各种生物才能代代繁衍，维持起码的生存空间。

而在办公室的丛林里，也需要运用“拟态”和“保护色”。因此，我们有必要对“拟态”和“保护色”有所了解、有所研究，并且好好运用。尤其当你在所处环境中呈现明显“弱势”时，更应该好好运用这两种每个人都应具备的本能。

办公室环境的核心并不是你，如果核心是你，那么至少你可以很大程度地去影响整个环境。然而，我们必须懂得，无论是职场还是生活，在这个大的环境中，我们都不是核心。当我们无法力挽千钧地去影响或改变环境时，首先要做的就是尽快去适应。这不是一个痛苦的过程，而是一个必然的过程。任何人，包括很多历史的伟人，在能够呼风唤雨地改变环境之前，都有一个默默适应的过程。他们并不着急，而是通过改变自己，来适应环境，等待机会的自然到来。

例如，你初到一个新单位，就应尽量入乡随俗，认同这个单位的文化，随着这个单位的脉搏呼吸。也就是说，必须遵守这个单位的“规矩”和价值观念，这就是寻找“保护色”。要避免自己成为与周围环境格格不入的鲜明目标，否则会造成别人对你的排挤。如果你特立独行，自以为是，那么苦日子必定会跟着你。当你的颜色和周围环境取得协调后，你便成为这个环境中的一分子，进而达到“拟态”的效果。到了这个地步，起码的生存环境就已营造完成。

“拟态”的特色之一是静止不动。有保护色，又静止不动，谁也奈何不了你。因此，在办公室里，为了避免不必要的灾祸，你必须严守“静止不动”的原则。也就是说，不乱发议论，不显露企图，不结党结派，好让人对你

“视而不见”。如此一来，就可以把危险降到最低程度。相对于职场老鸟，那些刚进入陌生环境的职场菜鸟们更应该学会运用“保护色”和“拟态”。一般而言，我们应做到以下几点：

1. 恭敬地进入

作为新人，千万不要下车伊始就叽里呱啦，这是大忌。虽然你脑门上没有写着“菜鸟”两个字，可环境已经明显地把你出卖了，只是你自己不知道而已。菜鸟一旦出场，务必带着客套与恭敬，这样不会有什么大错，不至于被别个马腿，或者被挖个小坑。

2. 沉默地观察

新人进入新环境，仅仅面带微笑是不够的，还需要有一双睿智的眼睛四处观察。但要记得，千万不能贼溜溜的，而要穿上勤学好问的保护装。重点观察的不是面子上大家讲的、做的，而是这其中的内在规律，或者称之为暗流、潜规则。这是因为，真正要人命的或者能让你尽快借力的，就是在平静环境下的汹涌暗流。

3. 冷静地分析

你真的以为你看透了，要准备出手吗？劝你还是再冷静分析一下，哪些是可以接近的、结交的，哪些是对你不感冒但没有危险的，自己的哪些行为有可能触及别人的利益，都要想好了再做打算。

4. 聪明地接近

消除对环境的陌生感，褪去菜鸟青涩的外衣，最主要的标志就是融入。融入的前提是接近，能够接近你希望接近的人，并且不被对方反感，那你就成功了一大半。

5. 积极地蜕变

什么时候才能从菜鸟一跃成为老鸟？实现破茧成蝶的蜕变，不是说你一味地用观察、接近的办法就行了。要知道，那些都是质变的基础。如果九十九拜都拜了，最后这一哆嗦没有发力成功，那你仍然只是一个油滑的菜鸟而已。这积极蜕变的秘诀就在于，不鸣则已，一鸣惊人。只有这样，才标志着职场菜鸟蜕变成功。

其实，不仅职场如此，而且生活中也同样拥有类似的游戏规则。因此，在生活中，请用“拟态”和“保护色”，和大家和平共处，始终保持一团和气。

对于职场新人来说，到了一个新地方，并不需要高调地、急迫地融入团队。当你适当地观察环境，改变了自身的颜色，与之协调了，并等待了足够的时间后，属于你的圈子会自动接纳你。

第二篇

先尊重后磨合，与上司相处的定律

上司是办公室里的核心人物。如果你是办公室里的普通一员，跟上司的关系处理不好，将直接影响到你的情绪、表现甚至前途。所以，要想晋升加薪，就一定要与上司相处好。在办公室里，与上司相处最重要的就是一定要“尊重上司”。或许在你看来上司有些无能，但任何一个能坐到领导职位上的人都有其过人之处。他们丰富的工作经验和待人处世方略，都是值得我们学习和借鉴的。我们只有尊重他，然后尽力去适应他做事的风格，尽力完善、改进与上司之间的关系。创造条件让上司接纳你的观点，认同你的优势，从而使你的职场前途更加畅通。

定律一：上司毕竟是上司，员工仅仅是员工

在职场上，你与上司的地位是不同的。这一点一定要认清，不要使关系过度紧密，以致过多地卷入他的生活。过分亲密的关系，容易使他感到互相平等，这是冒险的举动。有相当一部分职场人士认为，与上司成为无话不谈的密友是好事，结果却往往事与愿违。首先，上班时频繁地与上司接触是在浪费你自己的时间，你原本可以利用它来做更多有益的事情。值得人们为其工作的上司都想看到你多做工作，而不是常常出现在他的眼前与他谈心。

此外，过多地与上司周旋可能会得到上司密友或上司宠儿的名声，这样一个名声会使同事们讨厌或不信任你，甚至有些人会想尽一切办法拆你的台。“称兄道弟”的亲密，无论本意如何，看上去都是“往上爬的刻意”。

最为重要的是，在你与上司过甚的交往中，你的弱点会毫无遮拦地暴露在上司眼前。由于你们太熟悉，上司很容易对你失去客观公正的判断，认为你懂的和做的也没有什么了不起。在有晋升机会时，他便会仔细斟酌，以免因用人不力而给员工留下“任人唯亲”的口实。

有这样一个关于“火鸡与牛粪”的寓言。

黄牛是火鸡的上司。火鸡和黄牛闲聊：“我希望能上升到企业顶层，可我没有那么大的能力啊。”黄牛说：“为什么不多学习一下我的知识、经验和为人处世的方式呢，它们可以帮助你上升的。”于是，火鸡学了，发现它确实给了自己足够的能量飞到第一根树枝。第二天，火鸡学了黄牛更多的经验，飞到第二根树枝。

两个星期后，火鸡骄傲地飞到了树顶。它发觉自己和黄牛一样高时，便与黄牛称兄道弟起来，并且在树杈上不断地宣扬自己的能耐是多么的强大。

黄牛听了很不爽，就对企业的董事长农夫说，火鸡经常利用职务之便吃

里扒外，贪取钱财，通过与客户搞不正当关系做有损企业资源的事情。从表面上看似乎很有能耐，可以上升到那么高，实际上却是企业的隐患啊。

农夫本来就很不爽火鸡那烦人的呱呱叫，一听平时从不说人坏话的黄牛都这么说，便勃然大怒，拿了一把枪，迅速把火鸡射了下来。

也许我们的上司喜欢和我们交朋友，和我们促膝谈心，向我们问寒问暖。但若是细心体会，这还算不上是朋友。这是因为，夸奖上司的说法往往是“平易近人”“礼贤下士”之类，这里面并没有朋友之间的平等。是朋友，当然就该平等，还有什么上下之分？把这当成一个优点来表扬，说明他并没有把你当朋友，还是以上司的身份出现的。所以，我们只能让上司像朋友关怀我们，但千万不要像朋友一样关心上司。非要关怀，也只能关怀到“您可要爱惜身体，不要操劳过度”的深度。

总之，员工与上司要保持的是友好，而不是友谊。与上司适当地分享个人生活中的问题，会建立一种信任感和一种友好的气氛。但这种个人的信息一定要经过筛选，分享的程度和方式也要遵守一定的规则。那么，在与上司相处时，如何才能做到亲疏得当呢？以下几点可供借鉴：

第一，处理好与领导的关系。首先，尊重是最重要的原则。谁都需要别人的尊重，领导也不例外。

第二，不要因怕别人说闲话便索性对领导摆出一副冷面孔，这是极不尊重的表现。

第三，应尊重领导的意见和指示，并认真执行。不要因领导有缺点便瞧不起、看不上，在背后评头论足。

第四，与领导讲话应客气、礼貌，不要随随便便，嬉笑怒骂，不把领导当回事。否则，即使你有出众的才华，领导也不会欣赏你。

第五，在路上与领导相遇，应主动打招呼，这是下级对上司的基本礼貌。最忌讳那种一见领导过来便躲，或装着没看见的举动。

第六，给领导提意见时要注意场合与分寸。根据不同领导的不同为人，选择行之有效的方法提出自己的意见。

第七，要尊敬领导，承认领导有强于你的地方，或是才干超群，或是经验丰富。

第八，与领导相处要注意小节。小节虽小，但它能改变对一个人的印象。

第九，除非特殊情况，不要轻易打断领导讲话，或中断领导出席的会议。

第十，与领导交谈时，要尽可能简明扼要地说清要汇报的问题及要求，不要喋喋不休，耽误领导的时间。

第十一，在领导的办公室内，不要随意翻阅公文、信件，不该看的不看。

第十二，不要总是在领导面前点头哈腰，说领导的好话。否则，时间久了，领导会觉得你这个人俗气。

第十三，在领导面前，要用工作实绩显示你的精明能干。切莫用嘴皮表明自己，否则，领导会认为你在“出风头”。

第十四，与领导开玩笑或提意见一定要分场合、讲方式，不能怎么痛快怎么说。

第十五，对于愿意倾听群众意见、平时又好相处的领导，讲话时可以稍微随便些，但也不能过分。

过多地在上司身边周旋，能够而且一定会得到一个上司“宠儿”的名声。这样的名声，虽会使同事们认可你，但也会使他们讨厌你，不相信你，甚至还有一些人会想尽办法拆你的台。一个只是依靠上司而在企业里取得地位的人，他的基础一般是不稳固的。妥当的、危险性最小的方法是，让上司感觉到你的存在，但不要让他觉得你无处不在。

定律二：不要让上司丢面子

人生在世，有些时候，为争一时之气而拼个你死我活，是大忌。这是因为，这样做于己于事毫无益处。试想，如果泰山压顶，不妨先弯一下腰，就会有挺起的机会；如果硬挺着，折断了腰，就永远没有机会了。

假如你和上司产生了冲突，论力量，你是鸡蛋，而对方是石头，你怎么办？是像头脑简单的拼命三郎那样以卵击石，白白地送命呢，还是避其锋芒，等自己也变成石头，变成比对方更大的石头再有所图谋？

其实，君子藏器于身，待时而动。对待上司，有时委屈自己也是一种美德。作为领导，都十分注意自己在公开场合，特别是有其他领导或众多下属在场时的权威。这绝不仅仅是因为文化的潜意识在作祟，更在于这是领导从行使权力的角度出发，维护自身权威的需要。对于员工来说，领导可以决定自己的命运。因此，处理好与领导的关系至关重要。

有一名研究生，毕业之后就到一家外企的销售部工作。现在已做了 5 年，一直没有得到提升。而当时与他一起进入这家外企的其他研究生都当上了部门经理。这是什么原因呢？

原来，3 年前的一天，经理和企业董事长一起来检查工作。当来到他所在的办公室时，这位研究生为了显示自己，便对经理说："经理，我想提个意见，我发现企业的内部管理比较混乱，有时连一些客户的订单都找不到。"董事长就在身边，经理的脸色立刻大变。从此以后，经理对这个研究生采取不理不睬的态度。所以，尽管他很有才能，却一直没受到重用。

从这个例子中，你学到了什么？领导是你的上司，他的尊严不容冒犯。你不给上司面子，当众出他的丑，他又怎么会给你里子呢？要知道，上司的尊严感最强。如果你毫无保留地和上司对抗，上司就会觉得尊严受损，权威受到挑战，在面子上感到狼狈不堪。他会把这件事情看得很严重，而你的发展机会也只能是遥遥无期。

在下级面前，上司的尊严很重要。为了照顾领导的面子而牺牲别人、牺牲真理是错误的，但在不影响事实处理的前提下顾全上司的面子，是很有必要的。事实上，这是身为配角的你必须考虑到的。无论做什么事情，我们都要从长远考虑。无论事情的开始是多么的不如意，或者针锋相对，但事情过后，上司依然是领导者。如果你懂得这个道理，也许你就懂得人人都是讲颜面、讲尊严的内涵。

那么，如何照顾上司的面子呢？

第一，要在平时了解上司的工作习惯、工作方式。正所谓“知己知彼，百战不殆”，职场如战场，只有了解上司的工作习惯和工作方式，你才能更好地达到上司的要求，工作起来才能更加游刃有余，才可以成为上司的得力干将。

第二，要多和上司沟通，帮上司解决属于他们的事情。想要做到这一点并不难，但要记住，自己是下属，以建议的口吻最好，因为要照顾上司的面子。即使上司的决策有误，作为普通员工的你又怎能与上司一争高下？每一个员工都必须牢记，与上司有不同意见的时候，千万不能马上就讲事实摆道理，这样就违反了职场中的潜规则。

第三，多向上司请教。对于上司职责范围内的事情，无论你多么有能力，也不可擅自做主，私下处理，漠视上司的面子。从今天起，你就应改变自己，学会向上司请教。一个不成熟的下属向成熟的上司请教，是理所当然的，并不可耻。事实上，有心的上司都希望下属来询问自己，这样他才更有成就感。当然，凡事都向上司请示的做法也是不明智的。上司的主要精力是用来管理大事和把握方向，无关紧要的小事会降低他的权威感。向上司请示的问题必须是关键性的、有价值的，这样才能使上司充分感受到自己的权威。

第四，不要在背后诋毁上司。有些人对上司不满，虽不敢当面发泄，却在背后说三道四。孰不知世上没有不透风的墙，早晚会被上司知道。得罪上司不比得罪朋友、同事，因为上司对你的职位有生杀予夺的权力。也许只需上司动一根毫毛，你便小鞋不断，甚至职位不保。因此，我们对此不能不小心谨慎。

第五，永远对上司恭敬。任何一个上司都希望和下级保持和谐的关系，但绝不允许超越上下级的关系。也就是说，上司必须保持自己特有的尊严和威信。与上司搞好关系应掌握好“度”，不能与上司太亲密，否则会对你不利。与上司交往，最妥当的方法是走中间道路：既不要轰轰烈烈，也不要默默无闻。

第六，在公共场合给上司提意见时，一定要注意给上司留面子。如果在公开场合伤害上司的自尊心，这是最不理智的，效果也最不理想。任何一个领导身处此境，第一反应往往是怒火中烧，而不是对意见内容进行冷静的分析。那么，此后的一系列举动肯定是情绪化的。当然，我们提倡公开场合提意见要注意领导的面子，并不是鼓励下属见风使舵，做“老好人”。我们赞成对领导多提具有建设性的宝贵意见，但提意见一定要注意场合、分寸，讲究方式、方法。

为了照顾领导的面子而牺牲别人、牺牲真理是错误的，但在不影响事实处理的前提下，顾全领导的面子是很有必要的。

定律三："红花"让给上司带，晋升加薪有你份儿

作为职员，在工作中取得成绩并展现自己的才华，这离不开本人的辛勤工作。但是，功劳再大也不能忽视上司。试想，如果没有上司的大力支持、协调帮助，职员很容易被束缚住手脚，即使有能力也难以发挥。平心而论，职员把成绩归功于上司的帮助是有一定道理的。

推功这一举动表明你目中有人、尊重上司并承认其权威，也可以借此避免锋芒过露，功高盖主，将自己陷于危险的境地。你应当明白，上司总需要一些忠心耿耿的追随者和支持者留在自己的身边。一旦他把你当自己人看待，那就等于为你以后的发展打下了铺垫。

祝苗应聘于一家广告公司，顶头上司李总隔三岔五地找她聊天，亲切地询问她的工作情况。看到李总这么善意而真诚地对待自己，祝苗对待工作特别认真，设计出来的作品别具风格。李总对祝苗的优秀看在眼里，对她的工作非常关心，在需要的时候也给予她帮助，可以说关怀备至。一次，祝苗要参加省内举办的广告设计大赛，李总表示支持，还破例让她用经理办公室的电脑设计。祝苗非常感激李总，便将设计草稿转到李总的电脑里继续设计。一个月后，祝苗的参赛设计广告终于完成。第二天，她在电视直播中获知自己的作品得了一等奖，非常开心，感觉自己的付出总算得到了回报。

大家为祝苗举杯欢庆。祝苗端起一只酒杯，当着众人的面说："因为李总的帮助，我才有了今天的成就。在这里，最有资格喝第一杯酒的应该是李总。谢谢您一直以来对我的帮助，这次能取得成功，也是因为有您的帮助。"李总听了祝苗的话，虽然也谦虚了一番，但谁都看得出来，他很高兴。其实，即使没有李总的帮助，祝苗同样可以做到，这个红花也会是她的。可是，她记得锋芒毕露不会有好下场的古训，便将功劳完全归属于上司，把红花献给了

李总，这也正是她的高明之处。正是因为如此，她后来也顺利升职。

把红花让给上司戴，其实真正的红花还是属于自己的。那些锋芒毕露的人是红花的主人吗？从表面上看，他们获得了红花，但很可能会因此而失了人心，丢了工作。

汪珍在一家杂志社做编辑，很有才气。她对编辑工作有独特的理解，因此很受大家欢迎。前一段时间，她得过一次创意奖，为此她非常兴奋。但过了一段时间，她就觉得不太对劲，因为上司冯主编常给她脸色看，处处为难她。

她不知道自己哪里得罪了上司，就把自己的苦恼向一个朋友说了。朋友了解清楚情况后，指出了原因：汪珍得了创意奖，受到领导的表扬，领导还夸她有做主编的潜力。问题在于，她并没有在现场感谢上司的支持和同事们的协助，这自然让她的上司冯主编耿耿于怀。

遗憾的是，汪珍对朋友的分析不以为然。结果，三个月后，她就因为待不下去而被迫辞职了。

杂志之所以能得奖，自然是汪珍贡献最大。但她的错误就在于独享了这份荣誉，让上司处在配角的位置上。上司当然会不高兴，觉得汪珍目中无人，恃才自傲。同时，汪珍的才华也让冯主编失去了安全感。为了巩固自己的领导地位，冯主编当然不会让汪珍有好日子过。

立了功，事实上是一件很危险的事。上司给你安个“居功自傲”的罪名把你灭了，可能正好让那些嫉妒你眼红你的同事拍手称快。你不了解这种孤立无援的后果，就不能自保。把功劳让给上司，是明智的捧场，稳妥的自保。把红花让给上司戴，不失为上上之策。

所以说，当你取得一些成绩的时候，一定要清楚，这功劳不全是属于你的。要想保持荣耀并获得更大的荣耀，你必须做到如下几点：

第一，把感谢的话说到位。比如，感谢同人的协助，强调自己只是一个代表，功劳不属于自己一个人。尤其要感谢上司，真心感谢他的提拔、指导、授权。如果同人的协助有限，上司也不值得恭维，你的感谢也同样有必要，至少不会使你成为箭靶。这就像那些领奖台上的得主，总是要感谢一堆人。虽然别人听了腻歪，但被提到的人心里都很愉快。事实上，你自己又不损失什么，何乐而不为呢！

第二，荣耀要大家分享。口头上的感谢是必不可少的，实质上的分享更是不能缺。不妨请大家吃一顿，真诚地感谢一番，让人家知道你真的离不开他们的帮助。这时候最易沟通感情，就算你和其中的某一位曾经有什么过节，说不定也能就此化敌为友呢！

第三，要更加谦卑。人往往一有了荣耀，就会自我膨胀，就可能忘了"我是谁"。这时，上司就会另眼看你，忍受你的骄傲和气焰。但要不了多久，他就会在工作上有意无意地抵制你，让你碰钉子。因此，有了荣耀，更要谦卑。别人看到你的谦卑，就不忍心找你麻烦，和你作对了。

你获得了荣耀，可能是你一生最引以为自豪的事情。你可以在睡梦里偷偷地乐，但千万不要因此而得意忘形，独享荣耀。这是一个强调集体荣誉的社会，明里暗里你都不能违背大多数人遵循的法则。

定律四：别信“你是我的心腹”

心腹是任何组织都存在的人脉现象，也是特殊环境下解决特殊问题的渠道之一。俗话说：“一个篱笆三个桩，一个好汉三个帮。”此外，也有“夫为将者，必有腹心、耳目、爪牙”之说。事实证明，上司也有很多难处，一些特殊事情需要心腹来操办。但如果上司声称“你是我的心腹”时，请千万小心，你的麻烦可能为时不远了。因为谁都知道，在很多情况下心腹等于心患，上司可以找你办事，但也时刻提防着你。一旦情况允许、时机成熟，就会把你踢出门。

小李刚进一家企业时，被分在采购部，给采购部许安当助理。

许安深得经理赏识，不仅办事干练，经验丰富，而且为人处世有口皆碑。小李从第一天上班起，就处处受到许安的关照，传授业务知识也是毫无保留。小李暗自庆幸遇到贵人，打心眼儿里对他充满感激。

许安第一次带小李出差，是为企业采购一批健身器材。与王老板谈判时，许安游刃有余，不时逼着对方降价。而小李也想趁机努力表现，找出各种理由，拼命压价，分毫必争。王老板面红耳赤，有些招架不住。于是，谈判宣告暂停。

等到晚上，许安单独找到小李，递给小李一个红包，平静地说：“王老板给的。”小李心想，这不是损公肥私吗？万一被企业知道，准保被炒鱿鱼。许安好像看穿了小李的心思，说：“不用担心，只要我们兄弟俩不说，没人知道。再说，就算我们不拿回扣，王老板也不会降价，这是行业规矩，你慢慢就会明白的。”

事情既然已经摊开了，如果小李不拿，就等于与许安为敌，何况他一直把小李当亲兄弟照顾。除了收下红包，小李没有第二种选择。

第二天的谈判格外顺利。签完合同，王老板欢天喜地，亲自把他们送到机场。回到企业，一切如常。以后，小李每次同许安出去采购，彼此都心照不宣。也因为这个共同的秘密，他们的关系变得更近了。只是，小李隐隐有些担心，害怕有朝一日东窗事发。

一年多过去了，小李担心的事情始终没有发生，却发生了另外一件事。办公室里传言，企业即将裁员，采购部要裁员一半。小李特意跑去问许安，传言得到证实。许安意味深长地说："你只管安心工作，有我在，其余的事不必多想。"吃下这颗定心丸，小李不再杞人忧天。企业有好几百名员工，老总不可能对每个人都了如指掌，谁去谁留，还不是部门经理说了算。哪怕采购部只剩下最后一个员工，那也一定是小李，谁叫他是许安的心腹呢。

可是，一天早晨，小李刚到企业，就被通知去老总办公室。老总见小李进来，又是主动握手，又是亲自倒茶，弄得他心里直发毛。交谈很简短，不超过五分钟。小李没记住老总说了些什么，只明白一件事：他被企业裁掉了，而且是第一个出局。

小李马上去找许安，想问个究竟。但他没来上班，手机也关机。毫无疑问，许安早有预谋。气愤之下，小李想去找老总，揭穿许安的老底。可是，刚迈出两步，理智又把他拉了回来。毕竟，自己也参与了那些事，一旦抖出来，不是搬起石头砸自己的脚吗？于是，小李只能选择黯然离去。

第一段职场生涯就这样莫名其妙地画上了句号。小李百思不得其解，许安为何非要把他踢出门？直到好友问起此事，才一言惊醒梦中人："如果你参与别人的阴谋，乐观地说，你是他的心腹之人；但悲观地说，你也是他的心腹之患。"

事业初兴时，心腹是上司的耳目，是别人的榜样。但人非圣贤，孰能无过？当过失降临时，普通人很容易接受你的解释，因为距离太远，所知甚少。但心腹就不同了，他知道上司的私密，了解上司的作风。如果他把上司的私密大白于天下，后果将是众叛亲离。所以，对于上司而言，心腹既是一种必需，也是一种隐患。一旦他觉得心腹失去其利用的价值，很有可能把你踢出门。

所以，在正常情况下，一个职业化的老板不会用"你是我的心腹"这种掺杂个人情感的言辞去笼络人心，一个职业化的员工也不会因为一段情绪的宣泄而套牢自己的前程。双向选择的权利并不仅仅局限在大学毕业求职的那一刻，它将伴随你的整个职业生涯，因为员工与老板一样具有自由选择的权利。所以，如果你成为上司的心腹，你就有了晋升的指路人，你就有了最快的晋升途径，但同时也会给你未来的离职埋下隐患。

狡兔死，走狗烹；飞鸟尽，良弓藏；敌国破，谋臣亡。“心腹”也可成为“心病”。只可与之共患难，不可与之共安乐。

定律五：忠诚才能被器重

成功学家说："如果你是忠诚的，那么你就是成功的。"是的，对于一名员工来说，对企业的忠诚，就是你走向成功的通行证。

现代社会，忠诚几乎已经成为所有企业衡量人才的最重要的标准。人才越来越市场化，人才的竞争已从单纯的技能竞争转向品德和技能两方面的竞争。而在一切品德中，忠诚位居第一。以前，企业在招聘人才时，首先重视的是文凭与工作经验。只要这两方面差不多，基本上就录用了。至于品德方面，要求并不严格。但如今不一样了，包括世界 500 强企业在内的许多优秀企业在招聘人才时，已将忠诚排在首位。许多企业会通过各种形式，考验应聘者的忠诚。要是被认定为忠诚度不够，即使你拥有再高的学历，拥有再多的成功案例，都不会被录用。因为考官们非常清楚，一个对企业缺乏忠诚的人难以为企业所用，而且这种"能干的人"一旦背叛企业，企业遭受的损失将无法估量。

如此来说，忠诚就显得非常可贵了。尤其是在企业中，忠诚不但能维护企业自身的形象与利益，还能确保企业的健康生存。所以，忠诚的员工才能被重用。

有这样一则寓言故事：

小狗旺旺到处找工作，忙碌了好多天，却毫无所获。他垂头丧气地向妈妈诉苦："我真是个一无是处的废物，没有一家企业肯要我。"

妈妈奇怪地问："那么，蜜蜂、蜘蛛、百灵鸟和猫呢？"

旺旺说："蜜蜂当了空姐，蜘蛛在搞网络。百灵鸟是音乐学院毕业的，所以当了歌星。猫是警官学校毕业的，所以当了保安。我和他们不一样，我没有接受高等教育的经历和文凭。"

妈妈继续问道："还有马、绵羊、母牛和母鸡呢？"

旺旺说："马能拉车，绵羊的毛是纺织服装的原材料，母牛可以产奶，母鸡会下蛋。我和他们不一样，我什么能力也没有。"

妈妈想了想，说："你的确不是一匹拉着战车飞奔的马，也不是一只会下蛋的鸡。可你不是废物，你是一只忠诚的狗。虽然你没有受过高等教育，本领也不大，可是，一颗诚挚的心就足以弥补你所有的缺陷。记住我的话，儿子，无论经历多少磨难，都要珍惜你那颗金子般的心，让它发出光来。"

旺旺听了妈妈的话，使劲地点点头。在历尽艰辛之后，旺旺不仅找到了工作，而且当上了行政部经理。鹦鹉不服气，去找老板理论："旺旺既不是名牌大学的毕业生，也不懂外语，凭什么给他那么高的职位？"

老板冷静地回答："很简单，因为他是一只忠诚的狗。"

忠诚是什么？忠诚并不是对某个企业或某个人的唯唯诺诺或从一而终，而是一种职业精神，是一种高度的职业责任感，是承担某一责任或从事某一职业所表现出来的敬业精神。

在复杂的社会中，到处都充满诱惑。对职场人士来说，诱惑不仅是一个陷阱，更是一种考验。在诱惑面前，有不少人没能禁受住考验而昧着良心出卖了企业。其实，这些人出卖企业的时候，也正在出卖他们自己。因为任何企业都不会容忍或原谅员工的出卖行为，那些对企业不忠，为了一己之私而不惜牺牲企业利益的人，被职场淘汰将是他们必然的命运。

所以，忠诚往往比一个人的能力还重要。可如今，一些刚刚参加工作的年轻人将敬业视为老板监督员工的手段，将忠诚视为老板欺骗员工的工具，觉得向员工灌输忠诚与敬业思想，最终受益的是企业与老板。他们还片面地认为，忠厚老实就是软弱无能，阴险狡诈才能风光无限。

其实，这只不过是事物的表面现象，他们并未真正看透事物的根本。投机取巧的人不会有高尚的品德，而忠诚的人也不可能染上恶习。一个忠诚的人会由于品德高尚而享尽人生乐趣，而阴险狡诈者则会受到内心的煎熬。一个人只有养成了对事业高度的责任感与忠诚度，才能在遇到困难时勇气倍增，面对诱惑时无动于衷；也才能具有让有限资源发挥无限价值的能力，从而获得最后的成功。

也许会有人说："我对企业非常忠诚，但老板不仅不器重我，还让我受委屈。"朋友，忠诚不是交换的砝码，也不是完美的护身符。一名员工对企业忠诚，是最起码的职业道德。老板不会由于一名员工的忠诚，就忽视其缺点、无视其工作中存在的问题。其实，老板也有犯错误的时候，也有戴着有色眼镜看人的时候。这时，你可能会感到委屈，这在职业生涯中是十分正常的事。如果你承受不住这么一点打击，做出不忠于企业的事，你将会为自己的草率与冲动付出巨大的代价。到了那个时候，你就真的会被老板冷落或被企业开除。正确的做法应当是，始终对企业忠诚、对工作忠诚。长此以往，老板迟早会发现你的价值。

那么，如何才能做到忠诚呢？

1. 树立“对企业忠诚就是对自己忠诚”的意识

对企业忠诚、全面维护企业利益，事实上就是忠诚于自己的事业，维护自身的利益，这是优秀员工最基本的工作准则。员工忠实于自己的企业，忠实于自己的职责，其实就是在忠诚于自己。因为忠诚是成功的基础，是卓越员工的首要特质。一个对企业忠诚的员工，一定会获得老板的信任和赏识，他的事业也会在此基础上不断取得进步。这一工作准则在实际工作中主要体现为：工作积极主动，有强烈的责任心，处处维护企业利益等。

2. 将敬业精神植根于脑海

敬业的员工会把自己所从事的工作当成生命中最伟大的事业来做。即使他们遇到各种各样的困难，也能以高度负责的态度，为工作付出全部的努力。当敬业精神植根于一个人的脑海之后，他做起事来就会积极主动，并能从中寻找到人生的乐趣。一个失去敬业精神的人，不会把自己的工作同人生使命、个人价值结合起来。可以毫不夸张地说，不忠于职守的人不可能有任何大的作为；只有具有强烈敬业精神的人，才能出类拔萃，成就辉煌的事业。

3. 热爱自己的本职工作

限于能力、经验、学历、背景等诸多因素，很多人并不是一开始就能找到理想的工作的。这时候，他们就需要树立一种“热爱工作”的信念，才会在工作和事业上永葆进取之心，脚踏实地，一步步朝着自己的目标迈进。如果做不到这一点，就只会空耗青春，蹉跎一生的光阴。

4. 把忠诚敬业当成职业习惯

我们应该努力培养自己的忠诚敬业精神，让它变成自己的一个良好习惯。这样做或许不能立即为我们带来可观的收入，却可以为我们奠定一个坚实的基础，帮助我们实现事业上的成功。一名忠诚敬业的员工，不仅要完成自己的工作，而且要以高度负责的精神去完成自己的工作。忠诚敬业的人能从工作中学到比别人更多的经验，而这些经验便是你向上发展的踏脚石。就算你以后换了单位，从事不同的行业，忠诚敬业精神也必会为你带来帮助。把忠诚敬业变成习惯的人，从事任何行业都更容易成功。

5. 在小事上体现自己的忠诚敬业

很多时候，一些看似不起眼的小事往往可以改变你的命运。当然，前提是你必须认真对待每一件小事。因此，不要为自己没有遇上惊天动地的大事情而沮丧，因为机遇并不一定只隐藏在大事情中。“细节决定成败”“细节就是魔鬼”之类的说法，确实很有道理。

6. 意识到忠诚是成功的通行证

当一个人对企业不忠时，不仅失去了忠诚的品质，而且失去了尊严、诚信、荣誉及大好前途。很多人觉得自己是在别人的企业中工作，靠出卖劳动力来换取金钱。他们蔑视敬业，嘲讽忠诚，最终只能是自毁前程。忠诚的员工容易获得他人的信任，也值得他人委以重任，因而更容易获得成功的机会。更重要的是，忠诚是一个人弥足珍贵的美德，是永远都不会贬值的。如果你渴望成功，就要保持忠诚的美德，让它成为你的工作准则。总有一天，你会得到理想的回报。

现在的不少企业老总情愿用一个才能平平但富有忠诚精神的员工，也不愿接受一个才华出众、能力突出但总是自私自利离经叛道的员工。

定律六：适当恭维，“捧”着领导帮助你办事

人人都爱听恭维话，人人都渴望得到别人的赞赏和好评，因为好听的话招人爱。有时候明知对方讲的是奉承话，心中还是免不了会沾沾自喜。这是人的天性，也是人的弱点。

或许有人认为，恭维人乃是小人所为，大丈夫应光明磊落。事实上，我们应该明白一个道理：枪炮可以杀害无辜百姓，是因为它们被坏人利用了，而不是它们本身有什么不好。否则，没有了枪炮，又如何保家卫国？正如鸦片会使人丧命，是因为贩毒者利用了它，而实际上，鸦片也是很好的麻醉剂和镇定剂，可以用来解除病人的痛苦。

古希腊有一位喜剧家曾说过：“从前世界上只有七个智者，而如今要找七个自认为不是智者的人也不容易了。”由此可见，自我感觉良好是世人共有的弱点。所以，与其说戴了高帽是被人忽悠，倒不如说是别人的高帽正迎合了自己的心理。明白这个道理，我们就应该承认，恭维人作为一种说话方式，我们完全有权使用。如果我们使用恰当，还会起到给人增光、给己加分的作用。

古今中外，有多少志士在人际关系上栽了跟头，他们怀才不遇，郁郁而终；有多少人刚踏入社会就开始变得无所适从，得不到赏识。究其根源，往往是没有悟透“恭维”这门艺术的真正含义。

人们不应该用“奉承拍马”去害人，却可以在坎坷的人生道路上找个护身符。不管你愿不愿意恭维人，你都要生活下去。你要想在这个世界上生活得好，就得学会生存的技巧，而恭维人就是一门必备的学问。说起“恭维”这个词，好多人都不愿意听。但是，你可知道你在生活中因为不会恭维人而吃过多少次亏？你不喜欢恭维、不善于恭维，自然无法从中受益。可别人却

会这样做，并从中获得许多实惠。

据说，乾隆特别喜欢游历。有一天，他与和珅说起江南的风光，叹息说："朕想去江南游历一次，但又考虑南北路途遥远，还劳民伤财，所以迟迟未下决定。"和珅听了，赶紧说："圣祖皇帝南巡过六次，臣民也并没有怨言，反而都称颂圣祖功德甚高。"说完，还举出古时君主尧舜等的例子，向乾隆阐述巡幸乃是古今盛典："先圣后圣，道本同揆，难道当今万岁反行不得吗？"

一番话说得乾隆心中痛快，和珅又接着说："如今国库充盈，海内殷富，就算需要费些银钱，又有何妨？"要知道，乾隆生平最喜欢效仿圣祖，又喜欢学习尧舜，和珅的这番话正说到了他的心坎上。于是，他便高兴地说："你真是朕的知己！"然后，降旨预备南巡。

和珅能深得乾隆皇帝的心，其中很大一部分原因是他工于心计，善于说些乾隆喜欢听的话，"捧"着乾隆给他升官加爵。我们当然不用去学和珅的阿谀奉承，但不妨仔细研究一下和珅的语言表达技巧，定能受益匪浅。那么在现实生活中，我们如何才能恰到好处地恭维对方呢？

1. 恭维话要坦诚得体，必须说中对方的长处

人总是喜欢奉承的。即使明知对方讲的是奉承话，心中还是免不了会沾沾自喜。一般来说，一个人受到别人的夸赞，不会觉得厌恶，除非对方说得太离谱了。

奉承别人首要的条件，是要有诚挚的心意及认真的态度。说话态度往往会反映一个人的心理，轻率的说话态度很容易被对方识破，进而产生不快的感觉。

2. 背后称颂效果更好

对一个人说别人的好话时，当面说和背后说不同，效果也不一样。你当面说，人家会以为你不过是奉承他、讨好他。当你的好话在背后说时，人家会认为你是出于真诚，是真心说他的好话，人家才会真正领你的情，并感谢你。在人背后颂扬人，是各种恭维方法中最高明的，也是最有效的。可以说，这是一种恭维人的至高技巧。

假如你当着上司和同事的面说上司的好话，同事们会认为你在讨好上司，拍上司的马屁，进而对你产生轻蔑之感。另外，这种正面的歌功颂德所产生的效果很小，甚至会适得其反。上司脸上可能挂不住，会说你不真诚。与其如此，倒不如在上司不在场时，大力地称赞一番。相信这些好话终有一天会

传到上司的耳中。

3. 恭维人应多谈对方关心和得意的事情

无论是和同事说话还是和上司说话，都可以多谈谈对方关心和得意的事情，这样更容易赢得对方的好感。每个人都非常重视自己，喜欢谈论自己，同时也希望得到别人的重视和关心。如果你和他谈他最得意的事情，实际上就是在恰到好处地赞美他。如此一来，他肯定会对你大有好感。

4. 恭维话可以说，但不能把高帽扔得到处都是

对于不了解的人，最好先不要急着恭维，而要等你确定他喜欢哪一种赞扬，才可进一步交谈。如果随便恭维别人，也许会产生反效果，因为有的人对恭维方式、恭维内容都有特别的讲究。如果你哪壶不开提哪壶，恭维的效果就可想而知了。

总之，恭维是一种型号齐全的万能钥匙，用处多多，灵验无比。只要我们把恭维话说得恰到好处，便能左右逢源，笑傲职场。

人人都需要赞美，人人都喜欢被赞美。如果一个人经常听到真诚的赞美，就有助于增强其自尊心和自信心。不吝啬赞美他人，能使你大大增加感情存折的数字。特别是当交际双方在认识、立场上有分歧时，适当的赞美不仅能化解矛盾，克服差异，还能促进理解，加速沟通。所以，擅长交际者大多善于赞美。

定律七：功高盖主之时，将是繁华落幕之始

不要以为自己立了功，就有了讨好上司，邀宠求荣的资本。事实上，立了功有时是很危险的事情。要不，历史上怎么有那么多人功成身退呢？立了功，的确说明你有才华、有智慧。可是，你绝对不能居功自傲，独享荣誉，而要恰到好处地把功劳让给上司。否则，功高盖主，其结果往往是毁掉前途。自古以来，功高盖主的人几乎都没什么好下场。

韩信是秦末汉初的军事奇才，年轻时忍受胯下之辱，终于得到机会，辅助刘邦击败项羽，开创了汉家四百年江山。但是，权势通天、位极人臣的他却失去了年轻时的睿智与警醒。他明知自己功高盖主，已是刘邦的眼中钉、肉中刺，对刘邦的统治造成了巨大威胁，却仍然不懂得急流勇退，甚至连低调一点的态度都没有。

有一次，刘邦问韩信："你看我能带多少兵？"韩信说："陛下带兵最多也不能超过十万。"刘邦又问："那么你呢？"韩信说："我是多多益善。"这样的回答，刘邦怎能不耿耿于怀呢？

韩信还幻想着刘邦把山东等地分封给他，建立一个世代存续的国中之国，永远不向朝廷纳税。到最后，他甚至有了将刘邦取而代之的想法。那结果就可想而知了，在刘邦的默许、萧何的策划下，韩信被诛杀。

反之，萧何身为相国，功劳第一，却懂得广置田产、贱赊强贷，虽说导致百姓纷纷告发相国强行贱买民田，却成功地消除了刘邦对自己的疑虑，保全了自己和家人。

所谓"伴君如伴虎"，这是古人总结出来的至理名言。作为臣子，最忌讳的就是自表其功，这种人多半没有好下场。萧何之所以广置田产、贱赊强贷，就是因为他懂得功高不能盖主的道理，懂得将功劳留给皇帝。所以，他的性

命才得以保全。

然而，在现实生活中，总有一些人自认为有功，就忘了上司，这特别容易引起嫉恨。对于许多聪明人来说，人生的最大威胁不在别人，而在自己。有些人一旦做出一番事业，就居功自傲。然而，功高盖主，居功自傲，必定不会有什么好下场。所以，不论做什么事，都要守住自己的本分，绝不可以功高盖主。虽然现今的职场不可能有性命之忧，但招致他人怨恨，必然对自己的前途不利。

马骏从大学一毕业，就跟了现在这个老板。经过几年的拼搏，企业有了一定的规模，而他也算是劳苦功高的重臣了。所以，当人事部晋升他为总经理特别助理时，其他同事都没有异议。自出任特别助理以后，马骏凡事总是亲历亲为，对待员工也是礼让有加，企业的各项工作做得十分出色。这对于他的顶头上司来说，简直就是如虎添翼。在每次主管会议上，总经理都对他大加赞赏。有一次，总经理还特别提议，让马骏撰写一份详细的计划书，好在国外开拓一个新的市场。

在了解各个部门的情况之后，马骏把一份厚厚的计划书交给了总经理。“你的计划书做得很好，而且内容也很详细。但是，有一个问题，别人对这个项目都不熟悉呀。关于人员问题，我考虑了一下，可能就只有你最合适了。所以，我决定在法国设立一个办事处，请你过去担任驻法代表。同时，为了使你无后顾之忧，还为你准备了一套房子，你的出差费全都报销。”这是多么优厚的待遇啊！所有的同事都对马骏投来羡慕的眼光。可只有马骏心里清楚，总经理是担心自己一不小心“功高盖主”，抢了他的风头，便找了个理由把身边最亲近的人外放了而已。

对于许多能干的下属来说，断送自己前程的有时并不是你的无能，而是你的才华。如果你被上司视作真正的威胁，你会发现自己已经陷入一种不利的处境。

那么，在工作中如何才能避免“功高盖主”，做到自我保全呢？

第一，态度上要端正。你要认清形势，无论你的上司多么无能，他就是上司，你就是下属，你不能改变就必须面对。

第二，行动上要低调。将心比心，你也不希望下属的锋芒盖过你吧？所以，不论在公共场合还是在私底下，你都要给足上司面子。比如，写个报告，做好后可以给上司审阅，让他做些无伤大雅的修改；有上司在场，别人表扬你的工作，你不要忘了附带一句“谢谢领导的支持”；在大家讨论工作问题时，不要和上司发生激烈的争执，有话可以私底下好好说。

第三，千万不要越级汇报和邀功。在职场上，这是非常忌讳的。杰克·韦尔奇在《赢》一书中说：“如果你依旧留在公司，越级汇报就等于自杀。”要知道，即使你邀功成功了，最多也就是给你加薪，要把你换到比上司还高的职位基本不可能。而你越级汇报和邀功的举动却给上司留下不好的印象，你以后的日子中将经常被穿小鞋。

第四，不要把自己的私利参与到自己所执掌的权力中去加以实现。利用职务之便谋取私利是一种不道德的可恶至极的行为，而谋私者也将为此付出应有的代价。

第五，遵守法令，严格约束自己。人不是孤立存在的，都生活在群体中。一个群体组织的行为由于自身或外界的作用而发生变化，尽管有许多相互关联的原因，但总存在一个最关键的因素，那就是“约束”。“约束”和“约束感”仅一字之差，却有着根本区别。一个人若清楚地认识到约束感的重要性，就能严格要求自己，避免出现任何不应有的行为举止。

总而言之，功可高，但不能“盖主”。只要你付出了，终会获得应有的回报，但绝不能以功劳自恃，不把其他人放在眼里。

不管是在官场，还是在职场，都不要过于执着，不要过于贪婪。要懂得功成身退，省下三分智慧留给别人享用。把智慧用尽，事情做得过于完美，估计自己离受伤也就不远了。

定律八：上司不会适应你，只有你去适应上司

丹佛斯的人力资源总监田开芳女士说："一个幸运的职业人拥有三个必备条件：一份自己喜爱的工作，一个呵护自己的家庭，还有支持、赏识自己的上司。"以上三个必备条件中，职业与爱人都是按照自己的意愿选定的，唯有你的上司无可选择——因为你一进入公司，你的上司就已经确定了。

如果遇到一个赏识你的上司，算你幸运；可如果你很不走运，遇到的上司要么对你的行动计划迟迟不表明态度，要么不停地对你的工作指手画脚，要么所下指令前后矛盾、含混不清，万一工作没做好，说不准他还要迁怒于你……

面对如此"不合作"的上司，你该怎么办呢？是在沉默中"变态"，还是在爆发后离开？一些不怎么幸运的职业人说："当你的老板无可选择时，可以选择的还有做事的方式。"

其实，生活就是如此。为了有一口饭吃，有时我们不得不试着去改变自己，适应别人的做事风格。

可职场中总有那么一些人，把自己失败的原因归咎于环境，归咎于上司和同事，觉得全世界都不配合自己。然而，在职场中，你权力有多大，就有多重要。一个毫无权力的人充其量只不过是大海中的一条鱼，只有鱼去适应海洋，而没有海洋适应鱼的。再说了，没有哪个上司会一辈子带着你。进入职场后，你总会遇到上司更替的事情，而这种事情往往发生在你刚习惯了某个上司之后。于是，新上司出现，重新进入磨合期，令你苦不堪言。

还有一些人长期处在自己的职场氛围里，自以为非常专业。一旦换了新上司，发觉上司与自己的职场习惯格格不入，便指责上司不够专业。这类例子，在职场中屡见不鲜。所以，你想要生存，想要有口饭吃，就只有适应上

司，针对不同的上司采用不同的策略，方可在职场中立于不败之地。

1. 面对“工作狂”上司

这类上司往往认为自己是天下最能干的人，他们精力过剩，热衷于工作，而且希望下属也都和自己一样，变成“工作狂”。面对这样的上司，最佳对策就是甘拜下风，不断向他请教，令他永远感觉到你是在他的英明领导下努力工作并取得成绩的，这样反而可以得到他的赏识。

2. 面对霸道的上司

这类上司通常认为要不断威胁下属，才能让他们服服帖帖地干好活。对这样的上司，你必须常常让他感觉到你的存在价值。尤其当你预见到他将会对你恶语相向时，你必须事先就想好回敬措辞。当然，更重要的是既不要唱对台戏也不要被吓倒。

3. 面对疑神疑鬼的上司

这类上司整天怀疑自己的下属偷懒不干活，所以在办公室中经常导演“警察抓小偷”的游戏。遇到这样的上司，最好的办法就是每天（至少是每周）给他一份报告，明确告诉他你都做了哪些工作，以打消他的疑心。

4. 面对优柔寡断的上司

这类上司多谋少断，往往是已经定好的决策，只要别人提出一点修改意见，就能让他一次次改变初衷，手下人就要不断地重新来过。其实，你可以在他感到不会有失身份的前提下，大胆地和他商讨一些决策，帮他痛下决心，再设法让他在各种文件、报告、报表上签字，他就不能再随意更改了。

5. 面对健忘的上司

有的上司很健忘，常常颠三倒四，也常常丢三落四。有时，明明在前一天讲过的事，两三天后，他却说根本没讲过。对于这种情况，最好的办法是在他讲述某个事件或表明某种观点时，你多问他几遍，也可提出自己的不同看法，以加深上司的印象。也可以对上司的陈述进行概括，用简短的语言重复给他听，让他牢牢记住。当然，还可做些会议备忘录让他签字。

6. 面对含糊的上司

有的上司布置工作时含糊笼统，没有明确具体的要求，既可理解成这样，又可理解成那样，前后互相抵触，下属根本无法操作和实施。一旦你去做了，他就会责怪说他的要求不是这样，你弄错了。面对这样的上司，在接受任务时，一定要详细询问其具体要求，特别在完成时间、人员落实、质量标准、资金数量等方面尽可能明确些，并一一记录在案，让上司核准后再去动手。

7. 面对无知的上司

职场中总有一些明明自己对业务不擅长，却装内行，处处想显示自己，不是横插一手就是瞎指挥的上司。面对这样的上司，可区别对待。如果是带有原则性的重要问题，下属可直接阐明观点，或据理力争，或坚决反对，不能迁就。即使正面建议无效，也要想方设法迂回前进。否则，就等于是拿上司和自己的身家性命开玩笑。但如果是无关大局的一般问题，下属则可灵活应对，尽量避免正面冲突和矛盾激化。

8. 面对内向的上司

有的上司比较内向，相对于面谈或打电话，他可能更喜欢读邮件、读短信，并以此方法与下属沟通。如果你想给看惯了普通黑白邮件的上司来点惊喜，那就多花些时间学习制作新意盎然的彩色动画 E－mail 吧。当你要与上司谈一件重要的事情时，最好通过面谈来表示你的诚意和决心。共进午餐是一个很好的方式，既不会受到其他同事的干扰，又能和上司进行最直接的沟通。

9. 面对挑拨是非、爱给老板打小报告的上司

有一类上司，专爱在下属之间挑拨是非，制造矛盾，还爱在老板面前打下属的小报告，搞得员工之间关系紧张，动不动就挨老板骂。虽然这样的上司不讨人喜欢，可他毕竟是决定你生杀大权的上司。所以，对待这样的上司，我们就要学会忍耐，处处提防。如果确实到了万不得已的情况，就要在同事之间先把话说开，确定是上司在搞鬼，然后找准时机，主动找老板说明情况，让老板了解事情真相。要相信，当老板的都是会为自己的企业负责，当他得知自己手下的主管是如此之人，从企业的生存和发展出发，一般是会采取相应的措施的。

10. 面对平庸无能却揽功推过的上司

如果你的上司平庸、没点子，一有为难的工作，就交给下属去干，这对下属来讲未必不是好事，至少多了磨炼的机会，多了显露才华的契机。“人在屋檐下，不得不低头”，最好不要和这种上司过不去。如果上司喜欢独揽别人的成绩，错了却要下属承担，这说明他自私自利、人格卑微。与这种上司相处，就必须刚柔相济，既不可逆来顺受，也不可一味顶撞。在老板面前适当地维护自己的利益，也是无可非议的。要让上司知道，做人是有原则的，忍让也是有限度的。

总之，职场中会遇到不同类型的上司：有的性格温和，为人谨慎；有的脾气暴躁，做事草率。同时，每个上司还会有一些与众不同的习惯。我们只有学会适应上司，才能立足职场，求得进一步发展。很多时候，为了适应不同的上司的做事风格，我们必须善于保存自己、掩护自己，应对各方人物，应对各种局面。这并不是缺点与毛病，恰恰是作为一个下属必备的素质。

适应，是一个与人的需要和满足相联系的心理过程，是个人不断地通过身心的调整，在现实生活环境中维持一种良好的生存状态的过程。积极的适应就是发展，消极的适应有时会导致心理冲突和疾病。学会适应是每个人健康生活、获取成功的前提与基础。

定律九：工作到位但不越位

在生活中，每个人都扮演着属于自己的角色。在一个团体中，每个人都有属于自己的位置。即便得意时，也不可忘形。不小心把手伸到人家的地盘上，难免会受到上司的戒备、同事的排挤。知道什么事情该做、什么事情不该做，是一种智慧，更是一种气度。找准位置，把本职工作做好。对于超出自己工作范围的工作，即使能力足够，也不要插手。只有这样，才能不越位、不越权，才能走出一条平稳的发展之路。

赵斌是一家跨国集团所辖分公司的员工，经过几年的奋斗，他现在已成为这家公司的公关部经理。一次，总公司的几位高层领导在香港举行盛大的宴会。赵斌在商场中有一定的声誉，便自恃业绩卓越，在宴会中，风头常常凌驾于香港分公司总经理之上。

宴会当晚，当总公司的高层和主管分公司的总经理致辞时，赵斌在旁一一介绍他们出场。轮到他的上司，即分公司的总经理致辞时，他竟先说了一番感谢词。虽然只是三言两语，但已让总公司的主管皱眉，因为他当时只负责介绍上司出场，并无独立发言的权力。

在宴会的过程中，总公司主管主动与他交谈了一番，发现他在提及公司的事务时，常以个人主见发表意见，全不提经理的旨意，给人一种他才是这个分公司的总经理的感觉。后来，赵斌因越位，被他的上司找个借口炒了鱿鱼。

上司和下属之间的角色关系被确定，人们就会依照彼此所认可的交往方式同对方打交道。作为下属，应依据法律或章程赋予的特定职责和权限进行工作。作为下属，应围绕上司去实现目标。上司和下属各干各的事情，各守各的本分。既不应让上司去干下属的事，陷入事务主义，也不应让下属去做上司的事，出现“越位”，即越权或擅权。要准确地认知自己的社会角色，摆正自己的社会位置，目的是为了防止和克服“越位”现象，找到一个稳妥的出力方式。

身在职场，要想真正成为上司靠得住、信得过、离不开的得力助手，就必须把握好办公室工作的特点，找准自己的位置，不要让自己越位，也不要让别人占据了自己的位子。只有这样，才能保证团体成员间的协调合作，推动共同的事业向前发展。如果大家都找不准自己的位置，团体工作便无法协作进行。

当然，从为人处世的角度看，一个人要想达到升迁的目的，就必须脚踏实地地干好本职工作。若非自己权限范围的事务，最好不要随便掺和或插手。只有这样，才不会给人一种不尊重上司或想取代上司的感觉。否则，锋芒毕露，显现野心，将会受到同事的攻击、上司的打压，从而严重影响工作的开展和事业的发展。

那么，“越位”主要表现在哪些方面呢？

1. 职责越位

哪些工作应该由谁干，这里面有时也有几分奥妙。有的人不明白这一点，有些工作本来由上司出面做更合适，他却抢先去做，从而造成职责越位。

2. 表态越位

表态是表明人们对某人某事的基本态度，一般与一定的身份相联系。超越身份，胡乱表态，是不负责的表现，也是无效的。对带有实质性问题的表态，应该经过上司或上司授权。而有的人作为下属，却没有做到这一点，在上司既无表态也无授权的情况下抢先表明态度，造成喧宾夺主之势，陷上司于被动，上司当然会不高兴。

3. 决策越位

决策是领导活动的基本内容，处于不同层次的领导的权限是不一样的。有些决策可以由管理者做出，有些决策则必须由老板做出。有的下级人员不能充分认识这一点，明明应该由上司做出的决策，他却超越权限，擅自做出。

4. 场合越位

有些场合，如同客人应酬、参加宴会，理应适当突出上司。有的下属却张罗过欢，显自己过多，显上司太少，这也不好。我们常从电视里看到，中央领导接见先进人物，参加宴会，一般主要领导走在前面，给的镜头要多些；

照相也是主要领导处于显赫位置。这一点，我们在处理与上司关系时，很有必要借鉴。在某些场合，一定要注意不越位。

5. 答问越位

有些问题的答复，往往需要相应的权威。作为职员、下属，明明没有这种权威，却要抢先答复，给上司造成工作中的干扰，这不是明智之举。

总之，任何人都是处于社会中的个人，总是在社会中居于某一特定位置，有一套与这种位置相关联的行为模式，代表着一套有关行为的社会标准，即人们的角色地位。这种角色地位是社会客观赋予每个人的，代表了每个人在社会关系中的位置，是每个人的身份，谁都不应超越。它决定了人们的行为必须与它相符合，这样才能与其他社会角色的关系处于常态，保持和谐。反之，则必然引起自己与其他社会成员的关系紧张，甚至危及正常工作和秩序，给社会和事业造成不良影响。

在不该说话的时候说话，不该做主的时候做主，是职场新人常犯的毛病。你必须知道，无论你帮上司管了多少事，也无论上司多糊涂，甚至依赖你到了须臾不可离开的程度，他毕竟还是你的上司，毕竟还得由他来做主。出了错，他承担；有面子，也该由他来卖。

定律十：维护上司的权威，好处无穷

金无足赤，人无完人。下属是这样，上司也是如此。工作千头万绪，用人管人千难万难，疏忽和漏洞在所难免。这时候，下属就应主动出面，帮助上司更改差错，往自己身上揽些责任。无论哪个上司，都喜欢为自己圆场的人。如果你在关键时刻给上司来个“落井下石”，那么你就要小心你的前程问题了。

就与上司的关系而言，下属挺身而出，勇担责任，其实是为领导解围，有利于上司解决问题、维护权威。因此，他一定会从心里感谢你。危难之时见真交，越是关键时刻，越能看出一个人的真实本质。代上司受过，除了严重性、原则性的错误外，实际上无可非议。下属能够以大局为重，全力帮助上司渡过难关，一定会增进你们彼此的感情，赢得他的信任和感激。在适当的时候，你的这种勇于献身的精神定会得到回报，你的损失也会得到补偿。

公司里新招了一批职员，老板抽时间与大家见个面。

“黄烨（huá）。”全场一片静寂，没有人应答。老板又念了一遍。

一个员工站起来，怯生生地说：“我叫黄烨（yè），不叫黄烨（huá）。”

人群中发出一阵低低的笑声。老板的脸色有些不自然。

“报告经理，对不起，是我把字打错了。”一个精干的小伙子站起来，说道。

“太马虎了，下次注意。”老板挥挥手，接着念下去。

没多久，打字员被提升为公关部经理，而叫黄烨的那个员工则被解雇了。

是人都会有犯错的时候，巧妙地让别人从尴尬中走出来，是一种高超的学问，是一种随机应变的本领。

在职场中，抛却自己坚守的规则和习惯，顺应别人因无知所带来的尴尬，把过错揽到自己身上，让自己承担一些无形的责任，从而为别人保留面子，让别人在感激你的同时，能够乐意去服从你的安排或承担损失，这都是一个职场成功人士的精明之处。

春秋时代，当了30年齐国大臣的晏婴是一位著名的政治家。《左传》中，颇多晏婴的记载。比如说，晏婴经常劝齐景公要爱民，但齐景公却总是扰民。

有一次，齐景公强令民工造大台，闹得齐国民不聊生，百姓苦不堪言。正巧晏婴出使回来，目睹了这一情景。他马上进谏齐景公不要造大台，齐景公勉强同意了。晏婴却不急于回家，而是立即赶到工地，催促民工抓紧干活，稍有懈怠，就以鞭子抽打。晏婴骂累了、打累了，这才回家。他刚离开工地，齐景公的传令官就到了，下令停止施工，民工解散，可以回去和家人团聚了。民工一听此令，齐声欢呼，好像遇到大赦一般，高高兴兴地赶回家去了。

晏婴这样做，是故意把“贤名”让给君王，把“恶名”留给自己。孔子对他大为欣赏，说他既纠正了君王的过失，又使百姓感受到君王的仁义。

一般来说，伟大的人都喜欢愚钝的人，记住这一点是不会错的。任何上司都有获得威信的需要，不希望下属超过并取代自己。因此，在人事调动时，如果某个优秀、有实力的人被指派到自己的部门，上司就会忧心忡忡，因为他担心某一天对方会抢了自己的权位。相反，若是派一位平庸无奇的人到自己的部门，他便可以高枕无忧了。

因此，聪明的下属总会想方设法掩饰自己的实力，以假装的愚笨来反衬上司的高明，以此获得上司的青睐。当上司阐述某种观点后，他会装出恍然大悟的样子，并且带头叫好；当对某项工作有了切实可行的办法后，他不是直接阐发意见，而是在私下或用暗示等办法及时告知上司，同时，再抛出与之相左的甚至很“愚蠢”的意见。久而久之，尽管在群众中形象不佳，有点“弱智”，但上司却倍加欣赏，对其情有独钟。

在更多的时候，上司需要并提拔那些忠诚可靠但表现可能并不是那么出众的下属，因为他认为这更有利于他的事业。中国有个古老的故事，叫“南辕北辙”，意思是说，目的地在南方，但驾车的方向却对准了北方，结果跑得越快，离目标越远。同样的道理，如果上司使用了不忠诚的下属，这个下属总是同自己对着干或者“身在曹营心在汉”，那么这个下属的能力发挥得越充分，可能对上司的利益损害越大。

所以，身在职场，不要表现得比上司聪明，适时地装傻充愣，在适当的时候，为上司填补一些工作上的漏洞，维护上司的权威，对自己的事业及前程是大有好处的。

人无完人，不管拥有多高的职位，也总会有出错的时候。而聪明的下属此时会为挽回上司的名声而不遗余力。如果犯错的是企业，这样做可能就保全了企业对外的良好形象，对上司好，对自己也好，甚至对整个团队的成员都有极大的好处。这时候，上司会非常感激你的牺牲，总会找机会投桃报李。在管理中，总充满这样的矛盾：看似付出了很多，实际你收获得更多。

定律十一：隐“优”暴“缺”，智者的成事之道

“卑而骄之”出自《孙子兵法·始计篇》，意思是：对于鄙视我方的敌人，则促使其更骄傲。在战场上，骄兵必败的战例比比皆是。在面对危险时，使骄兵失败的最好策略就是示弱取胜。

遇强则更要示弱。如果你的竞争对手是个有实力的强者，而且他的实力明显强于你，那么你没有必要为了面子或意气而与他竞争。一旦硬碰硬，你固然也有可能打败对方，但毁了自己的可能性却更大。如果你能巧妙地、不露痕迹地在他人面前暴露某些无关痛痒的缺点，出点小洋相，表明自己并不是一个高高在上、十全十美的人物，就会使对方在与你交往时松一口气，不与你为敌。

无论是生活中还是工作中，只要出现纠纷，相互的不信任感就会随之产生，而用贬低自我的策略重新获得一定程度的信任，会收到良好的效果。一般人认为，讲出自己的弱点或过失，就等于给予对手攻击的机会，会招致对方的猛烈攻击。实际上，结果往往并非如此。

亮出自己的弱点，可以减少乃至消除不满或嫉妒，规避他人对你的注意，从而让自己有时间蓄积力量，最终成为胜者。

人生活在社会中，面对的是纷繁多变的世界，与之打交道的是形形色色的人物。要想立身于世，不得不精明些。但是，精明技巧要因人因地而异，有时候不能显得太聪明。

人表现得过于精明，过于完美，常常会带来麻烦。特别是身为下属，尤其如此。聪明人运用“投其所好媚人心”时，有时要装作糊涂，并表现出人格的缺陷，这样才能保全自己，达到目的。

怎样表现自己的“不完美”呢？这也要因时因人而定。假设上司是一个

拥有雄才大略的人，如果自己太笨，肯定是不会被重用的。但如果自己太聪明，又可能犯忌。这就要我们聪明一些，不可显得过于精明，只要不“聪明反被聪明误”就可以了。

小王是地地道道的北京人，从小在家娇生惯养，而且特别喜欢争强好胜。在十几年的学习生涯中，他的学习成绩一直很优秀。他做什么事情，都喜欢标新立异。工作以后，他还是一如既往地好学上进，一如既往地喜欢发表自己的见解。与小王一起进单位的还有一个小赵，他是土生土长的农村孩子，经过十几年的寒窗奋斗，终于也在北京谋得一个职位。看他们两人第一眼，大家都觉得小王很精明，不但在校时的成绩非常优秀，而且实践能力也很强，而小赵显然比较土气，说起话来还有点结巴，让人有点同情。

两个人在同一天被分配到同一部门，遇到的是同一个主管经理。可是，经理对他们的态度却截然不同。在经理心中，总有一种同情弱者的感觉。他始终认为，小赵一个人千里迢迢地来到北京是很不容易的，再说他一直生活在农村，对城市生活或多或少会不熟悉。因此，经理不忍心为难这个从山区艰难走出来的孩子。要是小赵工作效率比较低的话，经理就会为他开托，说他对大都市环境不熟悉。要是小赵工作业绩比较差的话，经理也会自然地认为是因为他在北京没有背景。

而小赵对自己能来到北京工作也感到有点受宠若惊，并且非常珍惜这样的机会。无论做什么事情，他都表现得谦虚、谨慎。无论看到哪个部门的经理，他总是毕恭毕敬地迎上去，当成自己眼中的“大人物”，而且态度非常热情。这些部门经理只有在类似小赵的员工面前，才能找回一点领导的威信。所以，他们也时常在小赵遇到难题时伸出援手。

相反，小王无论怎么敬业，工作业绩如何优秀，在这些经理看来，这是小王理应做到的。如若出现什么错误，经理就会批评他：“小王，你竟然也会犯这种低级错误？精明脑袋是不是白长了？”小王听后，也不甘沉默，与上司据理力争，常常弄得经理下不了台。

小王刚上大学时，家人就不断地帮他联系到大公司、大单位实习，这也让他见惯了许许多多的大人物、大角色。因此，一个部门小经理，他根本没放在眼里。平时遇到这些经理时，他甚至连眼皮都不抬一下，简直就是我行我素。上司吩咐他办事时，小王总要发表一番高见，并指出上司提出的意见或计划的缺点，让经理的脸色每次都很难看。

也许就是由于小王的锋芒毕露，每个经理都对他有十二分的不满意。所以，平时分配工作任务或分解工作指标时，派给小王的任务或指标要比小赵的多，原因是小王对北京熟悉，而且个人能力也比较强。但在进行年终总结时，小王几乎听不到任何肯定。而没有做出什么成绩的小赵反而得到各位经理的如潮赞扬，不是说小赵工作态度端正，就是说他的主观能动性强；不是说他勤快，就是说他谦虚好学。这让小王很不甘心，甚至有点绝望。由于与各位经理的关系始终处于僵化状态，小王感到自己无论怎么努力，都不会得到应有的回报，没有多久，生性喜欢锋芒毕露的小王就被迫辞职。而小赵也在过了一段时间后，被其他经理推荐为另一个部门的主管。

人际交往中一个极为重要的手段就是隐“优”暴“缺”，成全别人的好胜心。如果我们遵从这一做人手段，不仅不会惹来什么麻烦，而且可以得到许多友谊和快乐。那么，怎样成全别人的好胜心呢？

1. 尽可能多地使用他们的名字

有人说，人的耳朵最喜欢的声音是他们自己名字的发音，因为这是专属于他们的独一无二的声音。如果经常使用它，那就意味着你真的关心他们，会使他们觉得自己是无比珍贵的。

2. 善于聆听

善于聆听，能博采众长，丰富自己的思想内涵，萌发各种灵感；善于倾听，能缓解矛盾，形成良好的人际关系，养成尊重他人的习惯。“海纳百川，有容乃大。”只有广纳百家之言，善听四方之说，才能集思广益、取长补短，增加自己的真才实干、远见卓识，从而在漫漫人生旅途上风雨无阻、左右逢源，立于不败之地。

3. 称赞并认可他人的成就

称赞并不一定要在人们取得大成就时才可，很多时候，任何小事情都可成为你称赞他们的理由。比如，你可以说：“你今天这身衣服很合身，尤其是搭上这条领带后，整个人显得更帅了！”时常注意并说出人们的独特之处，能够使人们觉得自己与众不同。

4. 如果有人等着与你见面，一定要向他们打招呼

千万不要忽视等着与你见面的人，即使你只是会意地看他们一眼，并让他们知道你很快就会到他们那里去，也将使他们觉得你很在意他们。

5. 思考后再回答

当有人问你问题的时候，最好略作思考之后再回答。这会使他们的问题看起来很重要，因为你在花时间思考他们提出的问题。

6. 关注团队里的每一个人

任何团队实际上都是由单个的需要被认可、被欣赏的人组成的。当你向一个团队讲话的时候，你要看着每一个人说话，让他们知道你觉得他们是重要的。

做人的一个重要原则就是让他人感到自己重要，你越使人们觉得他们很重要、很特殊，他们就越会对你做出反应。

定律十二：与老板和平相处的十大原则

朋友们聚在一起聊天，谈起自己的上司，十有八九不是苦大仇深，就是咬牙切齿。上司和员工好像是天敌，不管走到哪里，都可以碰到令人发指的恶魔上司。“简直像魔鬼一样”“毫无人性的冷血动物”“欺上瞒下”“作威作福”“刚愎自用”“唯利是图”等负面评语，几乎都是冲着这些上司来的。

如果要你控诉这些上司的罪行，大概三天三夜也说不完。你咬牙切齿地咒骂这些坏家伙，每天让你身陷水深火热之中，不但打击你的志气，断送你的前程，甚至还千方百计想将你铲除，置你于死地！不过，即使你知道这些恶上司的伎俩，并且恨他们恨到牙痒，你也只能在叹了一口气之后，无奈地说：“除非不必上班，除非自己当老板，否则明天到了办公室，还是得面对那张讨厌的嘴脸！”

其实，仔细想想，问题也不全怪上司。正所谓：“站着说话不腰疼。”当我们也身处上司之位时，也会了解其中的无奈。那么，有没有方法让下属与上司和平相处呢？答案是：有。

下面便是下属与上司关系和睦的十大原则：

1. 学会适应不同上司的风格

上司若是贤明通达之人，自然好相处。但事实上，上司的类型是各种各样的。我们为了适应不同上司的做事风格，就必须善于保存自己、掩护自己，这样才能应对各方人物、应对各种局面。

2. 认真听上司讲话

有些下属过于在意上司的赞成意见或反对意见，或者过于在意对上司的回答技巧，以致不能听清上司正在讲的东西。所谓有效倾听，不仅是指要听上司讲的话，而且是指要领会上司话里的寓意。要娴熟地概括出上司说的意思，并理智地做出自己的反应。要克服紧张，全神贯注于上司讲的话，做到有眼神接触但不凝视，并做好记录。上司讲完后，你可提出一两个问题，以澄清一些观点。或者，你也可以简要小结他所说的内容。

3. 讲话要简明扼要

时间对上司来说是最宝贵的。因此，下属与之讲话做到简明扼要是非常重要的。当然，这并不是追求表面上的简短与快速，而是说要有选择地、直截了当地讲清楚。

4. 提供方案供选择

下属要向上司提出各种可能的方案，包括这些方案的长处和短处，而不能仅提出某个具体措施或行动步骤，以供上司抉择。这是美国前国务卿基辛格最喜爱的一个忠告。这种方法既容许上司去作最后决断，也逼迫下属更全面、更透彻地去思考问题。显然，其结果对下属和上司都有利。下属决不要当即拒绝上司提出的建议，因为他可能了解该建议中的合理方面或者他并不厌烦听取下属的意见。如果下属最终不赞成上司的建议，可借助提问或等待别人产生异议等方式，来提出自己的反对意见。如果下属能表明自己的异议是建立在上司不了解的事实基础上的，效果会更好。

5. 独立地解决难题

独立处理手中的难题，将有助于下属提高工作能力和发展交际关系，也将提高下属在上司心目中的位置。下属不要害怕向上司讲出坏的实情，即使是委婉地讲出。从长远观点看，愿意并温和地指出“皇帝什么衣服都没穿”的下属，比只知阿谀奉承、怂恿上司做出蠢事的人好得多。

6. 维护上司的声誉

这是与上司搞好工作的关键。下属不要等到在上司出席的某个会议上才提供新情况，而要及时向上司通报各种信息，事先告诉他各种事实，由他在会上通报新情况。为维护上司声誉，下属有必要把自己的一些思想成果奉献给他，以提高其威信。其实，当你的上司显得光彩时，你也将显得光彩；当你的上司声誉得到提高时，你提高自己声誉的机会也将来临。

7. 乐观和富有信心

有作为的上司通常是乐观主义者，他们爱在自己的下属中寻觅知音。做到自信不是一种纯策略，而是一种态度。一个出色的下属懂得极少使用像“困难”“危机”“挫折”等词语，他把艰难处境仅当作一种挑战，并敢于制订周密计划，迎接这种挑战。在和上司谈及你的同事时，你要多讲他的优点，而不是缺点。这将帮助你巩固自己作为工作人员的地位，也将提高你善于待人的声望。

8. 提前上班按时下班

从事艰苦工作要有热情和献身精神，以激励他人和赢得上司的欢心——因为你毕竟是为他工作。下属应做到提前上班和按时下班，确保精神抖擞，而不是疲惫不堪。此外，提前上班意味着“我急切盼望工作”；而延缓下班则意味着“我不能完成工作”。

9. 信守诺言不虚伪

上司会原谅下属的缺点，只要他们表现得足够坚定。但上司不会谅解反复无常的下属。如果你表示出自己胜任某项工作，但又不尽力而为，上司将对你的可信性持怀疑态度。如果下属发现自己无法胜任某项工作时，就要尽可能提醒上司注意。这将减少他了解此事真相后所带来的烦恼。

10. 了解和熟悉上司

下属了解上司的经历、好恶、工作习惯及其单位历史和奋斗目标，是非常重要的。如果上司是一个体育迷，那要他在其所崇拜的运动队受挫后的第二天清晨去解决某重要问题，就是不明智的。精明的上司赏识那些熟悉自己并能预知自己心境和愿望的下属。

如果你想在职场上获得成功，就一定要有较好的与老板和平相处的能力，只有得到老板的认可，你才能平步青云。你的老板也许在工作上无能，但要开除你是一件很容易的事。而且，老板对你的工作评估，也不是完全从工作的角度出发的。

第三篇

多理解慎支持，与同事相处的窍门

办公室中，同事之间存在着合作与竞争的矛盾，在对立和统一中彼此之间的关系变得十分微妙而复杂。同事之间在利益上竞争，在工作中合作，既不能相互冒犯、相互干预，也不能相互漠视、相互拆台，或者只顾自己不顾他人。同事之间各有各的一摊工作，既相互独立，又相互依赖，没有人能独自成功。但在利益竞争上又表现得非常激烈，互相猜忌、嫉妒、排挤，甚至诋伤的现象司空见惯。你只有学会在竞争中合作，对同事多理解慎支持，才能携手与同事共创“双赢”的局面。

窍门一：办公室友谊，优势还是负担

职场中的人际关系，首先是利益关系，其次才是朋友关系。利益关系是职场人际交往的底线，朋友关系则是利益关系的黏合剂。换言之，职场没有永远的朋友，只有永远的利益！所以，职场盛行一种理念："不与朋友做生意，不与同事做朋友。"同事，顾名思义，就是"一同共事的人"。而朋友，则是可以互吐心事，交往笃深的一种关系。

同事能成为朋友吗？毕竟朝夕相处，毕竟四目相对，毕竟一起度过的时间甚至比和父母、和爱人还要多。如果相互漠视，必然使整个办公室如同冰窟，阵阵寒意，令人窒息。而如果假装亲密，也如同每天戴着微笑面具，矫揉造作，于己不耻。那么，如何才可以在同一屋檐下共同快乐地做事呢？

那就是与同事保持合理的距离。有句话说得好，距离产生美。不要认为人与人之间的距离越近，关系就越深。在办公室里与同事相处，太远了当然不好，人家会认为你不合群、孤僻；太近了也不好，容易让别人说闲话，而且也容易令上司误解，认定你是在搞小圈子。所以说，若即若离的同事关系，才是最难得和最理想的。

职场上的朋友大多是带有目的性的，目的是获得更多的生意，获取更多的信息，获得更多的支持和帮助。虽然我们可以本着真诚的态度、谦和的心态、助人的美德，去结交真正的朋友，使他能助你事业发展，但在同一个行业里竞争，在利益冲突下，建立在那点儿基础上的友谊又算什么？在职场这个你死我活的江湖里，谁又敢说自己不会"挨刀"呢？

一旦同事变成了朋友，随着友谊的加深，你自然而然地会把自己心底对工作、对上司、对其他同事的真实想法倾诉出来。然后，你就要希望这些想法不会被你的朋友有意无意地泄露给不该听到的人，这时需要的就是信任。

可是，工作是人经济上的依赖，如果逼着某个人在自己的经济来源和友谊之间二选一，大概多数人都会选择保住工作为先吧！

小雅和小南都是刚刚大学毕业来到这家企业的，他们在同一时刻、同一天被分配到同一部门。当他们初次相识的时候，彼此觉得非常投缘，当然也就上下班在一起谈天说地。工作中遇到什么事情，两人都与对方谈论自己的看法。他们两个工作都很勤奋，同样都得到同事和上司的认可。

有一天，部门助理辞职了，留下一个空缺。部门经理想从本部门中提拔一个人。过了几天，小雅成了部门的助理，小南却还是原来的职位。通过这次升职，小南渐渐地发现，小雅开始疏远他了。不知为什么，部门经理对他的态度也发生了变化。小南偶然之间，从同事的谈话中得知，原来小雅把他对部门经理的不满告诉了部门经理。就这样，小南成了办公室友谊的牺牲品。

职场上没有朋友，只有同事。朋友是可以为你两肋插刀的人，而职场上，人与人之间都会存在某种利益关系。大家可能会朝着同一个目标工作，互相之间需要团结协作，保持良好的人际关系。但是，如果将这种工作上的亲密无间发展到个人关系上，一旦发生利益冲突，就会迅速决裂。

再说了，你与同事相处得越密切，可能越容易出现意见不合的情况，那么就越有可能产生矛盾。与同事过度亲近会碰到很多烦琐的生活小节，而自己总会有做得不够圆满的地方。要知道，对于一个人的优点，别人也许不会太过留意，但对于别人的缺点却印象深刻。你一旦有做得不够完美的地方，只会让你的同事厌倦。另外，每一个人都不是圣人，都有弱点，也都有能力不足的时候。在你与同事频繁的接触中，你性格上的弱点和能力上的不足也早就被同事摸透了。对同事来说，你就像一张透明的底片，一览无余地暴露在他的眼皮之下。所以，在与同事交往的过程中，要保持一定的距离，该方则方，该圆则圆。

相信很多人都听说过一则有关刺猬的寓言：

在寒风刺骨的冬天，一群刺猬挤在一起取暖。由于它们身上都有很长的刺，在相互靠近的一刹那，又不得不马上分开。可是，御寒的天性本能使它们又聚到一起，而疼痛又使之分开。就这样，经过多次反复，它们终于找到了相隔的最佳距离——在最轻的疼痛下得到最大的温暖。

动物之间如此，人与人之间的交往更应如此。职场交友的“空间”一定要把握好。那么，在职场中，我们该如何把“办公室友谊”拿捏好呢?

1. “距离产生美”

良性的办公室友谊讲究的是交往分寸上的把握，过分热情或过分疏远都不是合适的距离。能够让对方感到舒适同时又安全感的距离，就是办公室友谊的最好距离。办公室相处，尽可能将友谊与工作分开，同时也要注意声音和身体语言的运用，注意措辞不必太过亲密，避免在企业内部炫耀与某人的友情。适当的心理距离和生理距离，都会帮助我们建立完美的办公室友谊。

2. “防人之心不可无”

办公室友谊与普通友谊的最大区别，就在于可能产生的利益冲突。办公室更相信“只有永恒的利益，没有永恒的朋友”。这一点很容易在部门经理或老板身上体现出来。白天在办公室里吵得不可开交，晚宴上却为了共同目的，在大老板面前表现出前所未有的合作与团结。在很多情况下，办公室友谊是建立在共同利益或利益导向的基础之上的。当利益发生变化时，友谊自然而然地发生变化。

3. “帮助他人的时候就是在帮助自己”

普通人的“朋友圈子”里越来越多的“朋友”会来自自己曾经共事的同事、同事的同事或商业伙伴等。因此，在办公室与身边的同事建立良好的关系或保持良性友谊，是非常必要的。工作中给予对方适度的支持、理解和包容，会使你在潜移默化间在办公室里建立良好的形象，或许某一天会得到意想不到的回报。

4. “君子之交淡如水”

朋友并非要无话不谈，有些比较敏感的话题应该学会去避免，尤其是与企业有关的内容。比如，不要在你的同事朋友面前诉说在办公室内所受到的委屈，或者议论其他同事及上司等。如果有一天，你的上司知道了这些事情，而对你产生不满，你则会很自然地怀疑到你的朋友身上，即使真相是你自己在别的场合说过类似的话。友谊一旦产生怀疑，便离终结不远了。友谊破裂之后的两个人仍然要在一个办公室里朝夕相处，要在团队中进行合作，要说完全心无芥蒂也是不太可能的。在这种状况下，无论对谁，都是一种伤害。常言“君子之交淡如水”，这平平淡淡的“水”却是交友的至高境界。

职场中的人都是你的朋友，也都不是你的朋友，切忌过分相信某人，今天的“推心置腹”也许会为明天的出卖埋下伏笔。

窍门二：不做办公室里的“烂好人”

俗话说：“马善被人骑，人善被人欺。”职场中的老实人是被利用的对象，是受气的对象，是职场竞争中受害最大的独立派。这样的老实人无法在险象环生的职场竞争中生存。

工作中，你感觉到累了吗？如果你老是分担别人的工作，等到月底看到薪资单，你可能会更加疲倦。根据美国期刊经济心理学的最新研究成果，职场上的好好先生或好好小姐，薪水不一定比别人多。演过商场大亨的麦克·道格拉斯有句台词：“好人都是羔羊，待宰的羔羊。”

天地间容不下老实人，“生存才是唯一的真理”，是每个踩着别人生命往上爬的死囚的座右铭。战场上你死我活，同样的场面也在生活中不停地上演，只不过是一场没有硝烟的战争罢了。

老赵是企业里的老员工，都快退休了，仍然是公司里最底层的员工。职工，企业本来有几次想重用他，考量来考量去，主要是因为他太老实了，怕担不起事情；而企业不辞退他，也是因为他太老实，不忍心。

老赵所在的企业有自己的厨房，中午的工作餐都是企业提供的。厨房在一楼，二楼员工中午吃饭的时候，都是亲自跑下楼来拿属于自己的那一份。老赵出于好心，总是在吃饭前十分钟把二楼所有同事的饭提上来。第一次，同事们都非常感激。次数多了，同事们渐渐就习惯了，下意识里以为这是老赵应该做的。于是，不但不感谢，有时候还半开玩笑半当真地吆喝：“老赵，该吃饭了，下去拿饭吧！”

这还不算什么，问题在于，人们都有得寸进尺的心理。老赵习惯于给大家端饭上来后，大家吃完饭后也都习惯把自己的碗放在老赵的工作台上，让老赵顺便带下去。老赵也没多想，反正自己也要下去，多带几个碗也无所谓。

这天，同事们吃完饭，习惯性地把碗交给老赵。按照以往的惯例，老赵吃完饭喜欢打一下盹，再把碗送下去。可今天不知道怎么搞的，一不小心，居然睡过了头。恰恰在老赵睡觉的时候，老总和另一家合作企业的老板来视察工作，看到老赵桌子上堆满了碗筷。合作企业老板皱了皱眉头，心想，这个企业的员工素质真是差呀，想必企业也好不到哪里去。于是，拒绝了合作。老总就把气全撒在老赵身上，老赵有口难辩。最后，企业把老赵辞退了。

让老赵感到心寒的是，竟然没有一个同事替他说句好话。

重视与同事搞好关系是对的，但你必须懂得运用恰当的方法，你需要明白“好”关系靠什么来维持。如果只是因为你很好“使唤”，同事就不会把你当回事。你做好人可以让他们享受安逸，但你也很可能成为“牺牲品”。在与同事的相处中，不只有相互支持，还有互相竞争。因此，恰当地使用接受与拒绝的态度是至关重要的。一个只会拒绝别人的人会招致大家的排斥，而一个只会向别人妥协的人不但会被认为是老好人，还容易被人利用，导致严重的后果。因此，我们坚决不做办公室里的“烂好人”。

每个人都希望在同事眼里是个好人，并想以好人的姿态与同事搞好关系。但是，职场不同于其他环境，做职场好人并不能达到维持好同事关系的目的。有时候，为了博得大家的好感，变得唯命是从、任人使唤。表面上，同事们对你满脸堆笑，但他们并未发自内心地平等待你。这样的同事关系是虚伪的，禁不起考验的。

窍门三：夜郎自大，抢他人风头毁人气资本

在工作中，适时地表现自己是可以的。但过于抢别人风头，就会遭到同事的嫉恨，使自己在工作中陷入尴尬的境地。表现自己，可以说是人的天性。在每个人的内心深处，都有表现的欲望。可是，聪明的人却懂得隐藏自己的实力，等待时机，在该表现的时候才展现自己的才华。

其实，深藏不露是一种高层次的谋略，也是成功者必备的基本素质。在事业和竞争中，为了取胜，当然不可以弱示人。但在特定情况下，公开承认自己的短处，有意暴露自身某些方面的弱点，往往是一种有益的处世之道！示弱可以减少乃至消除不满或嫉妒。事业上的成功者，生活中的幸运儿，被人嫉妒是客观存在的。在一时还无法消除这种社会心理之前，适当地示弱可以将其消极作用减少到最低限度。

当然，“示弱”还需脸皮厚，必要时甚至还要“装傻充愣”。即使受到羞辱，脸上也绝对不能有一丝一毫的不满流露。或许在别人看来，你平平常常，甚至还给人“窝囊”的弱者感觉，但这种表面的“无能”，正是心高气不傲，富有忍耐力和成大事、讲策略的表现。

在现实生活中，人们总想表现自己，让他人知道自己、看重自己。然而，很多时候，这种做法却会让人吃亏。这是因为，太过表现自己，无疑是将自己暴露在众人面前，给他人以攻击的机会。

小李是个很优秀的企划人才，在业界也小有名气。他凭借自己的实力，进入一家国企工作。朋友们都为他能有这样的机遇而高兴，因为他终于找到了一个可以施展的舞台。

可是，小李在那里工作不到半年，就自动请辞了。这让所有人都很意外，甚至以为他疯了，因为那是许多人做梦都想进去的企业。等小李讲明其中的

原因后，大家都无语了。

小李所在的企划部门有 7 个人。企划是一个刚兴起不久的科目，即便单位里有这个部门，原单位的人员也不懂企划的具体操作，主要工作都由他来操作。他因为刚进单位，有表现一把的心思，凡事都尽心尽力地做好，各项工作也都做得很出色。

然而，因为他的出色，让其他几人显得太过平凡，这几位就开始对他大肆诽谤。小李开始并没有在意，以为这些谣言可以随着时间的推移而自行消失。然而，他错了。因为他没有切实考虑其中的原因，没有协调与部门人员的关系，致使他的人际关系很差。到后来，这种谣言越传越真，他觉得压力过重，只好辞职走人。

一个人，无论是否取得成功，都应该谨慎平稳，不惹周围人不快，尤其不能得意忘形狂态尽露。特别是年轻人初出茅庐，往往年轻气盛，这方面尤其要注意。虽说做人应当有个性，但更要懂得人情世故。

人有时不能太出风头。职场也是一个小社会，一个人在职场上表现得比别人强太多，就要少说话多做事，不然就会成为办公室公敌。

窍门四：收起你的锋芒，把炫耀的机会让给别人

英国知名政治家查士德菲尔爵士曾经教育自己的儿子："要比别人聪明，但不要告诉他你比他更聪明。"哲学家苏格拉底也告诫自己的弟子："你最需要知道的一点就是，你一无所知。"两位智者的共通之处就在于：藏起自己的聪明，给予别人优越感，你将获得更多。

那么，作为职场中人的你也应铭记：我们所遇到或暂时没有遇到的每一个人都有着自己的聪明与智慧。因此，我们应该韬光养晦，养成不张扬的良好习惯，同时给他人提供显露他们才智的机会。如此这般，我们的朋友将更多，敌人会更少。

明代大政治家吕坤以丰富的阅历和对历史人生的深刻洞察，提出了"古今得祸，精明的人十居其九"的结论。他在《呻吟语》中说了一段十分精辟的话："精明也要十分，只须藏在浑厚里作用。古今得祸，精明人十居其九，未有浑厚而得祸者。今之人唯恐精明不至，乃所以为愚也。"译成今天的话就是："精明还是非常重要的，但要在浑厚中悄悄地运用。古往今来得祸的人绝大多数是精明的人，没有因浑厚而得祸的。现在的人唯恐不能精明到极点，这就是之所以愚蠢的原因啊！"

有些人可能喜欢平淡从容，有些人可能喜欢锋芒毕露。而我们发现，踏踏实实的人很容易与人共处，而锋芒毕露的人则没有什么太好的人缘。人缘可不是小问题，它的好坏直接影响着一个人能否成就大事。

所以，很多时候，如果我们面对的不是什么大是大非的原则问题，就没必要针锋相对。退一步别人过去了，自己也可以顺利通过。宽松和谐的人际关系，可以给我们带来很多方便，又避免许多麻烦。假如人胸怀鸿鹄之志，可以一心一意去积蓄力量；假如你只想做普通人，可以活得从从容容，逍遥

自在。可进可退，两头是路，何乐而不为呢？

或许你会说，这样做过于世故、过于圆滑，这不是压抑人的个性自由发展吗？其实不然，这里所说的收敛实际上是保护个性健康发展，成就大事的一条捷径。

有多少人由于年轻气盛，爱出风头而处处碰壁，为了适应社会，不得不磨平棱角，令锐气殆尽，最终还是一事无成。有句话说得好："好钢要用在刀刃上。"一个人的锋芒也应该在关键时候、必要时候展露给众人，那时人们自然会承认你确实是一把锋利的宝刀。不能时不时地拿出来挥舞一番，直杀得别人片甲不留方才甘心。刀刃需要长期的磨砺，只图一时之愉，不懂保养，只会令其钝化。

王芳在一个周刊杂志社工作，敏锐的洞察力、良好的口才、犀利的文笔常常使她的报道与众不同。她策划的选题常常是周刊的头条，发表后常常会引起轰动。

由于她的工作十分优秀，所以社里一有重大选题都交给她来做。王芳也总是认为自己能力强，就毫不推辞地接受。最初这样，其他的同事都没有什么意见。但是，次数多了，这样的机会总是给她，其他同事就认为王芳太霸道，好的选题总是占为己有，一点机会也不给别人。渐渐地，同事都疏远了她。但直到这个时候，王芳依然觉得别人是在嫉妒自己，丝毫没有意识到自己的所作所为将给自己带来什么后果。

有一天，杂志社的主任办理了离休手续。于是，杂志社需要挑选一位有能力的人来接替主任的工作。高层领导决定采取投票选举的方法，尊重员工的发言权。王芳听到这个升职机会，信心高涨。她认为，除了自己，没有任何一个人可以担任此职务。然而，出乎意料的是，没有一个人选她。更可悲的是，新上任的主任一次也没有把周刊的重点选题交给她来做。

对于聪明人来说，一旦做出一番事业，就往往居功自傲，喜欢展露锋芒，这样便会得罪旁人，被得罪的人便成为他的阻力，成为他的破坏者。四周都是阻力或破坏者，在这种情形下，自己的立足点都没有了，哪里还能实现扬名立身的目标？作为一个人，尤其是作为一个有才华的人，要做到不露锋芒，既有效地保护自我，又能充分发挥自己的才华。所以，深谙人情世故的人懂得居功的危害。

在竞争日益激烈的社会中表现自己，争取好的工作和回报是无可厚非的。

如果你不露锋芒，你就可能永远得不到别人的器重。但如果你锋芒太露，就很容易招人嫉妒，虽然也会取得暂时的成功，却在不知不觉中为自己掘取了坟墓。所以，当你施展才华时，要分场合、分方式，要懂得适可而止，要学会低调一点。这虽然是小细节，却关系到你的未来发展，也会给你的人生埋下危机的种子。

在与人打交道时，一定要记住，保护自己的最好方法就是与大多数人保持一致，不要让你的光芒抢了别人的风头。这是做人应有的“心机”，否则你就会得罪他人，使他人颜面扫地，自然也就堵住了自己的路。

窍门五：工作同分担，成功共分享

一个人要想职场成功，必须学会合作，一方面可以弥补自己的不足，另一方面可以形成一股合力。所以，合作能力常常比常规能力重要得多。

如今，合作已成为人类生存的一种手段。随着科学向纵深方向发展，社会分工越来越精细，人不可能再成为百科全书式的人物，每个人都要借助他人的智慧完成自己人生的超越。于是，这个世界充满了竞争与挑战，也充满了合作与快乐。

可是，在职场中，仍有那么一些人，信仰个人英雄主义，自认为凭借一己之力就可以打拼天下，就可以为自己撑起一片天空。尤其是一些职场新人，往往会忽略应有的合作精神，而专心致力于开拓自己的成功之道。但是，现实却往往令他们失望，他们非但没有得到令人钦羡的成绩，相反却总是被企业炒鱿鱼。

所以，在办公室里，仅仅努力工作是不够的，我们还要主动加强与同事间的合作，用集体的力量去完成任务。其实，凝聚团队精神的重要因素除了合作外，还要学会分享。其要义就是大家在一起能够同甘共苦。所谓同甘共苦，深层意义就是团队成员之间要学会分享，既分享快乐，也分担痛苦，因为我们是一个有共同利益的团体。

如果一个人不懂得与他人分享，必定不能获得大成就。尤其作为创业者，更要懂得与他人分享，这样才能将自己的事业做大。

有人在中关村采访过一位创业者，这位创业者当时做的是产品供求信息。那时，中关村做这一行的人还很少。因此，这位创业者收入很可观，在很短的时间内，就买了车、买了房。但是，对于自己的员工，他却非常抠门，能少给一分，绝不多给一分。他认为，这是低成本运作。

过了五六年，这位创业者的企业搬了好几次家，但总是小门面的寒酸模样，员工也总是寥寥几人，而且还不断更换。然而，与他差不多时间起步，同样也是做产品供求信息，而且还是白手起家的另一个创业者，就大不相同了。那位创业者格局很大，善于和他人分享，结果生意越做越大，产值早已过亿。他在漂亮豪华的写字楼里，拥有自己上千平方米的办公室，在全国各地还开了数十家分公司。

那位小门面的创业者就是人们口中的“小气老板”，而资产过亿的成功创业者则是人们口中的“大方老板”。为什么两者的区别会这么大呢？区别就在于，一个不懂得与人分享，而另一个则懂得与众人分享。

分享是一种成功的境界，是一种智慧的升华。职场中，我们取得一些成绩，经常会给我们带来荣耀。而当荣耀到来之时，不同的人会以不同的态度面对它。聪明的人能够借荣耀之手，拉近与同事之间的距离，赢得尊重，获得好的口碑；愚蠢的人则沾沾自喜，自以为是自己的功劳，独享荣誉，结果给自己带来一系列麻烦。

所以，当你在职场上因为特殊表现而受到肯定时，一定不能独享荣耀。否则，这份荣耀会为你的职场关系带来危险。当你获得荣誉后，应该学会与同事分享，学会感谢他人，学会谦虚谨慎。

职场的黄金原则就是要与同事合作，有福同享，有难共当。当你在职场上小有成就时，当然值得庆幸。但是，你要明白，如果这一成绩的取得是集体的功劳，离不开同事的帮助，那你就不能独占功劳。否则，其他同事会觉得你掠夺了他们的成果。

窍门六：表现过分反而令人生厌

法国哲学家罗西法古说："如果你要得到仇人，就表现得比你的朋友优越吧；如果你要得到朋友，就要让你的朋友表现得比你优越。"

这句话真是没错，因为当我们的朋友表现得比我们优越时，他们就有了一种重要人物的感觉；但当我们表现得比他们优越时，他们就会产生一种自卑感，导致羡慕或嫉妒。因此，深谙人情世故的人总是把优越感让给别人，满足别人的虚荣心。

初夏是某企业人事部门的顾问，让她自豪的是企业里她差不多是人缘最好的人。但是，过去的情形并不是这样。初夏初到人事部门的头几个月，在同事中一个朋友也没有。为什么呢？因为每天她都使劲吹嘘她在学校时的优异成绩及在工作中取得的成绩。慢慢地，初夏发现，当她和同事们不停地说她的这些引以为豪的事情时，同事们不但不分享她的成就，而且还很不高兴。

初夏渴望同事们能够喜欢她，能够和自己成为朋友，却找不到自己的问题出在哪里。后来，当初夏向父亲诉苦时，初夏的父亲对她说："你想让别人听你说，那么你就先去听听他们想说什么，这样也许他们就会慢慢地接纳你了。"

初夏听了父亲的忠告，在与同事们闲聊的时候，开始少谈自己，而是花时间认真倾听同事们说话。她发现，原来他们也有很多事情要吹嘘，他们在诉说自己成就的时候，比在倾听别人说话时表现得兴奋得多。慢慢地，大家有了什么话都喜欢告诉初夏。后来，几乎所有的同事都成了她的朋友。

在人际关系的沟通和处理上，我们往往太急于表现自己，甚至恨不得把所有人都踩在脚下，自己永远独占鳌头。但是，你不得不承认，有时候表现得过于优秀，显示自己的优越，反而会遭受很多的挫折。毕竟，大多数人从你的麻烦中得到的快乐很可能比从你的胜利中得到的快乐大得多。所以，有时候隐藏自己的锋芒，把表现的机会让给别人，才能维持人际关系的平衡。

吴莉大学毕业后，干的第一份工作是在某杂志社当编辑。这是一个小杂志社，只有五六个人、三间办公室，还有一辆破车。不过，杂志社上有财政拨款，下可以通过系统发行，日子还算过得去。大家整天都是嘻嘻哈哈地混日子，没有人主动干工作，更不愿意多干工作。吴莉那时心高气傲，不愿这样混下去，再加上急于"立功"，整天琢磨来琢磨去，终于发现了突破口：杂志在社会上没有影响力，很长时间也难有一个广告。吴莉的爸爸有个朋友，是某国有企业的"一把手"。他单位效益不错，更重要的是这位老伯特别爱出名。于是，吴莉想在杂志上给他搞个专访，进而让他的企业做几次广告。吴莉跟主编一汇报，主编喜出望外，当即让吴莉坐着单位的破车上门采访。

由于吴莉对这位老伯很熟悉，所以没费什么劲就写出了一篇让他心花怒放的专访。然后，又在封三上发表他的 3 幅书法作品，并配有短评。杂志出来后，吴莉去送清样。没想到，本来希望能连做 3 期的广告，这次竟定下了一年的封底，先给 6 期的钱，余下的半年后一次到位。

第一笔钱到账后，主编在全体人员会上表扬了吴莉一番："过去让大家去联系广告，有些同志说杂志知名度低，没有人愿意做。现在看来，还是工作没有做到家……"主编当场宣布：给吴莉提成 1000 元。吴莉本以为大家应该对她刮目相看，却发现大家对她的态度微妙了起来。一天下午，吴莉从外面办事回来，大家正在热火朝天地聊着什么，见她进门，突然都不说话了。吴莉只听见同事小刘说了一句"这个小姑娘不简单"。吴莉看了看小刘，小刘有些尴尬。

不久，吴莉去看望大学时的一位老师，跟她说起这事。老师提醒她不要破坏单位的"生态平衡"，别让大家因为她而产生不安全感。只有这样，才能和大家相互配合，更好地完成工作。

进入一个新的团体，不管以前的你多么优秀，也不管你有多大的野心，你都不能也不该去破坏原有的"生态平衡"。只有这样，你才能在新的环境中找到发展自己的舞台。否则，你得到的将不是舞台，而是淘汰。

在人际关系上，最好不要企图永远保持"压倒性的胜利"，只有我最好是不行的，还要考虑到身边人的立场和需求。请记得给别人表现的机会，无论你是如何能干、如何出色！

窍门七：失意人面前，莫谈得意事

人人都会经历人生的低谷，人人都会遇到不如意的时候。在失意的人面前炫耀自己的得意之处，无异于把针插在别人心上，既伤害了别人，对自己也没有什么好处。所以，与人相处一定要牢记“不要在失意者面前谈论你的得意”。

如果你正得意，要你不说不太容易，哪一个意气风发的人不是如此？可是，谈论你的得意之处时，一定要看场合和对象。你可以在演说的公开场合谈，对你的朋友谈，享受他们给你的钦羡眼光和美好祝福，更可以对路边的陌生人谈，最多让人把你当成神经病。但就是不要对失意的人谈，因为失意的人最脆弱，也最多心，你的谈论在他听来都充满讽刺与嘲弄，让失意的人感受到你“瞧不起”他。

汤姆与大卫都是射击运动员，而且是从小一起长大并一起训练的好朋友。他们之间无话不谈，无论谁获得好成绩，都会共同庆祝。在一次大型运动会上，他们参加同一个项目。在平时训练中，汤姆的成绩比大卫好。所以，队领导、教练都对汤姆抱有很大的期望，并希望他能夺冠。比赛中，倒数第二枪时，汤姆还领先对手很多，冠军眼看就要到手了。可是，由于压力过大，最后一枪竟出现失误。对此，他非常失落。

而大卫因为有汤姆在，没有什么大的压力，最后竟反败为胜夺得冠军。得到冠军后，大卫抱着汤姆就大肆庆祝起来，高兴得忘了自己的伙伴正处于伤心难过之中。

比赛结束后，大卫受到领导、教练的嘉奖和国人的热烈欢迎，他简直受宠若惊。于是，他经常在汤姆面前大谈领导、教练对他的赞美之语，以及报纸媒体的追捧之词。汤姆越听越反感，心想，不就是捡了一个冠军嘛，有什么好宣扬的。渐渐地，汤姆越看他越不顺眼，彼此间的关系也疏远了。

一般来说，失意的人的攻击性较少，郁郁寡欢是他们最普通的一种形态，但别以为他们只是如此。听你炫耀自己之后，他们普遍会产生一种心理——怀恨，这是一种转入心底深处的不满与反击。你说得口沫横飞，不知不觉已在失意者心中埋下一颗炸弹。想想看，这多不值啊。

失意者对你的怀恨多半不会立即显现出来，因为他们此时无力显现。但他们会透过各种方式来泄恨，如说你坏话、扯你后腿、处处为难你等，主要目的就是要看一看你会得意到什么时候。而最明显的则是疏远你，避免和你碰面，以免再听到你的得意之事。

但不管失意者所采取的泄恨手段对你造成的损伤是大还是小，至少这是你人脉资源上的危机，对你不会有任何好处。因此，当你有了得意之事，不管是升了官、发了财还是其他喜事，切忌在失意的人面前谈论。如果不知道某人正在失意也就算了，如果知道，绝对不要开口。

不过，有一点也要注意，很多人在一起的时候，其中就算没有失意的人，也总有境况不如你的人，你的得意还是有可能引起他们的反感的。所以，最好的方式就是谦虚做人，得意时少说话。

人生得意须尽欢，这是人之常情。所以，春风得意似乎没什么好责怪的。但是，在谈论你的得意事时，一定要看准场合和对象。如果你在失意者面前大谈你的得意之事，很可能会失去一个朋友，反而树立一个敌人。

窍门八：不要介入流言蜚语

在职场上，说人坏话，搬弄是非是一大忌。同事们聚在一起，最喜欢谈论的就是那些不在场同事的是非。一提到这些道人长短、论人隐私的话题，大家就显得兴致勃勃，现场的气氛也随之热烈起来。但是，这种无聊的话题却一点也不值得声张。不论你提出的话题有没有恶意，到最后都会变成让人不舒服的坏话。而且，这种搬弄是非、道人长短的话很容易传到对方耳中。即使听到这些话的人并非故意去传播，还是会直接或间接地传给当事人，而且往往已被加油添醋，不堪入耳。正所谓："好事不出门，坏事传千里。"所以，千万别让自己成为流言的策源地，要与那些道人是非的同事保持距离。

洁是一个特别单纯的女孩子，就像她最钟爱的白色一样。大大的眼睛，白净的小脸蛋上每天都挂着微笑。刚刚大学毕业，洁就顺利进入某商贸公司，成了一名文员。谁知，却不幸地被卷入办公室的流言蜚语中。

没有任何工作和社会经验的她，很希望尽快和大家打成一片。其实，公司的业务还是非常繁忙的，大家整天都忙忙碌碌。不过，洁很快发现，同事们有个坏习惯，那就是喜欢蜚短流长。

洁知道这样做不对，也很讨厌这种行为，但不便当面制止他们。很多时候，同事们在不断地说，她只是安静地坐在一边。前不久，同事们在讨论老总是个吃软饭的家伙，要不是依赖着老婆娘家的支持，说不定现在还不如他们呢！就在同事们口若悬河的时候，老总出现了，一脸怒气地来到办公室。从此，老总看到当时在场的几个人，都是一副冷峻的表情。

这无疑让洁刚刚开始的职场之路布满冰霜，她心焦不已。不过，她并没有急于向老总解释，而是在同事们说是非时悄悄地走开。比如午休，洁吃完午餐，宁可趴在办公桌上睡觉，也不再"旁听"。

渐渐地，洁得到了老总的信任，并委以重任。而那些道人是非的同事却因再一次无中生有，超越了老总心理承受的极限，在付给他们遣散费后，提前解除了他们的合约。

其实，现代社会中的现代组织，人与事变得越来越错综复杂、微妙神秘。要想完全脱身，置身于一切流言之外是不可能的，几乎很少有人能一生都不曾被人造谣中伤过。但我们必须相信：别人的嘴巴长在别人的脸上，不可能管得了；但自己的耳朵却长在自己身上，完全有可能让它去少听。更重要的是，手脚是在自己身上的，自己勤快些做事，以行动成果来对抗流言蜚语是最有效的。无论如何，请相信这样一条真理："说闲话者，终被闲话所累！"

所以，如果在工作之余，有人神秘莫测地对你说："有件事，我一直想告诉你……"

此时，你千万别把耳朵支起太高，最好是装傻充愣："噢，我也有一件事一直想告诉你。知道吗？你前段时间跟我提的那家美容店，我昨天去过了，可是……"或者："我也有件事要告诉你，前几天我在网上乱逛时不小心进入一个论坛，没想到别人的生活理念跟你我的完全不一样……"总之，你的话越有吸引力越好，直到那个人忘记"告诉你"为止。

另外，在办公室里大谈人生理想不但会显得有点滑稽，也会一不留神让你成了流言的靶子。如果你时不时就要气贯长虹地发表一通宣言，"35 岁时我必须干到部门经理"，"40 岁时我一定要有一家自己的公司"，可能要不了多久，你的老板或部门经理就会对你"另眼相看"。

尽管流言像"梳头发"一样自然，像"呼吸"一样必不可少，但为了身家名誉和前途着想，适可而止地参与八卦无伤大雅，不会造成多大的危害。但是，参与八卦一定要把握好分寸，最怕的是口无遮拦，将自己变成"新闻联播"采编人员兼播音员，有事没事就在公司里竖起耳朵，四处打听，然后把听到的添油加醋转播出去。这种做法很危险！你要知道，纸是包不住火的。任何无厘头的花边新闻，迟早都会传到当事人的耳中，而受害者对传播"八卦新闻"的罪魁祸首的怨恨，迟早会发泄出来。祸从口出！不要忘记这条古训。

流言蜚语可以杀死一个人，也可以成就一个人。娱乐圈如此，职场亦如此。虽说有"谣言止于智者"的忠告，但智者毕竟很少，谣言总是会被传来传去，最后变成了伤人的利剑。

窍门九：不搞画地为牢的“小圈子”

办公室中总会出现这样那样的小圈子，而办公室中的小圈子的确也有其迷人之处，它可以为我们提供重要的社会支持。其中之一，便是学者们所说的“工具性社会支持”。小圈子中的人彼此熟悉，沟通良好，能互相提供协助，完成工作任务。另一种则被称为“情感性社会支持”。工作上遇到挫折，小圈子中的伙伴会比家人更容易读懂你的委屈，往往也更能提供安慰，减轻工作及生活所带来的压力。而且加入小圈子，让自己有归属感，有安全感，想想办事有人托着，说话有人帮着，几个人同进同退，好不得意。

可是，圈子里的你们此时已经使老板感到不舒服了。因为老板对小圈子总有不信任感，对小圈子里的人会有很多顾虑。他会认为，小圈子里的员工公私难分，如果提拔了圈内的某个人，而与之关系好的“哥们儿”可能会得到偏爱放纵，对企业的发展不利，对其他员工也不公平。而且，若老板批评其中的某个员工或某个员工与其他同事发生冲突，这几个人会联合起来对付老板，影响企业团结。同时，搞小圈子也不利于你与其他同事发展关系。同一个部门的人，和这个明显投机，和那个淡漠相处，本身就容易引起矛盾，干扰工作；不同部门的就更让人多心，甚至还会让人怀疑，这个人总和别的部门的人来往，胳膊肘向外拐，没准把部门内部的事全抖落出去了。

另外，搞小圈子除了让自己感到工作时间不那么紧张枯燥，上班像上剧场外，最主要的恐怕也不单是找人说心里话，发点过分的牢骚，而是为了形成一定的势力。即使不是将来有所作为，起码关键时刻有人帮一把。在事关切身利益的会议上，可以站起来为你说几句“公道话”；在你遭到别人攻击时，也可以为你解围；甚至有的空缺，也能够给你提提名。但是，如果你们的小圈子平时总惹人注目的话，你们当中的任何一个人，为你们其中的某一个人所说的话、所做的工作，都会被别人视为“不公正”“小集团主义”，而不会引起大家的同情和共鸣，更不会被采纳。

所以，跟每一位同事保持友好的关系，尽量不要被人认定你是属于哪个圈子的人，尽可能跟不同的人打交道，避免涉入办公室政治或斗争，不搬弄是非，自能获取别人的信任和好感。

有人的地方就有江湖，人们相信只要在江湖里找到自己的“同志”，那么就一定在江湖中少挨刀。于是，人们开始在办公室里相互评价、猜疑，然后拉帮结派搞小圈子，尔虞我诈，却不知结果通常是两败俱伤。

窍门十：彼此间的薪水不要问

在办公室里，彼此间的薪水多少是一个敏感话题。很多企业不喜欢员工之间打听薪水，发薪时老板有意单线联系，不公开数额，并叮嘱不让他人知道。同工不同酬是老板常用的手段，用好了，是奖优罚劣的一大法宝。但它是把双刃剑，用不好就容易引发员工之间的矛盾，而且最终会掉转刀口朝上，矛头直指老板，这当然是他所不想见的。所以，对“包打听”之类的人，老板总是格外防备。

一天，隔壁办公桌的小黄凑过来对我说，她跟老板谈过了，答应下一个月给她加工资。于是，我说：“那是好事啊，恭喜恭喜！”等到10号发完工资时，小黄又过来问我的工资和奖金是多少，我就实话给她说了。可是，谁知我刚一说完，小黄就大叫起来：“这么说来，大家的奖金是一样的啊！老板不是说我表现好，所以给我的奖金比你们都多200块的吗?”

从那天起，我发现小黄的工作积极性不如从前了，而且她认为老板对她不公平，说话不算话，就去找老板闹，非要老板再加发工资。结果，惹怒了老板，被炒了鱿鱼。

一句无心之话，没想到竟会造成如此大的乱子。如果当初知道是这个结果，说什么我也不会说薪水。所以，如果你在工作中碰到这样的事情，最好早做打算。当对方把话题往工资上引时，你要尽早打断他，说企业有纪律，不谈薪水。如果他语速很快，没等你拦住就把话都说了，也不要紧，用外交辞令冷处理：“对不起，我不想谈这个问题。”有来无回一次，就不会有下次了。

其实，办公室里彼此间谈论薪水的害处有许多：

首先，产生尴尬，导致谈话不能愉快地进行下去。一份薪资满意度调查显示，人们总体上对目前的薪资水平并不满意，回答“一般，不太满意”的达55%以上。于是，当我们问别人的工资时，会使对方难于回答而敷衍了事，想必我们自己也是这样的吧！正所谓：“己所不欲，勿施于人。”既然这样，我们又何必多此一举呢？

其次，产生误会，导致同事、朋友关系不和谐。现在，好多外资企业在员工一进来时，就发给他们一份《员工守则》，上面就有这么一条明文规定：“不要把自己的工资随便泄露给他人，也不要去打听别人的薪水。”这是因为，如果在激烈的竞争环境里口无遮拦地说出自己的工资或打听别人的工资，会很容易形成谣言，可能就会导致恶性竞争，破坏良好的人际关系和正常的工作秩序。朋友之间乱问工资，就会让人觉得你只是关心他的金钱，而不是他本人，从而影响朋友之间的友谊。

最后，产生无谓的自卑或自恋，折磨自己。问别人工资，不仅会让对方不知道如何回答，即使知道了，也无非就两个感觉。第一个感觉是自卑。自己工作时间长、强度大，工资还不及别人。想必很多人体会过这种难受的滋味吧？第二个感觉是痛快。工作轻松，工资又高，马上就有了优越感。工资高固然可喜，但若总是喜形于色的话，照样会被人不耻。毕竟，金钱不是人生全部价值的体现。如果因为高工资就自鸣得意、自命不凡的话，这种人也不会取得多大的成就，朋友也会慢慢疏远他，成为孤家寡人也不是一种好滋味。

总之，在办公室里想要有个好人缘，请记住一句话：别人的薪水多少不要问。除了金钱，人世间还有很多美好的东西，闲聊时我们也有很多话题。比如，男人可多聊聊体育、政治之类的，还可以缓解工作的紧张情绪；女人可以多聊聊化妆、潮流什么的，在轻松交谈中打发时间，说不定还能增长学识。

同事们一起聊天，千万不要轻易打听对方的薪水是多少。因为随意打听隐私是很不礼貌的行为，很容易使谈话双方陷入尴尬的局面，甚至会导致不必要的麻烦。

窍门十一：和同事搞好关系，赢得众人心

在工作中，我们经常能听到有人抱怨同事关系搞不好，不是过于亲密就是过于生疏。其实，和同事相处是一门学问。学好了，无论跳到哪个槽都能赢得众人心。如果学不好，你只有吹胡子干瞪眼的份儿。那么，在同一个单位，或者就在一个办公室，如何跟同事搞好关系呢？

1. 进出互相告知

你请假不上班，或即使临时出去半个小时，应该与同事打个招呼。这样一来，倘若领导或熟人来找，可以让同事有个交代。如果你什么也不愿说，进进出出神秘兮兮的，受到影响的恐怕还是自己。互相告知，表明双方互有的尊重与信任。

2. 说可以说的私事

有些私事不能说，但有些私事说说也没有什么坏处。比如，你的男朋友或女朋友的工作单位、学历、年龄及性格脾气等。如果你结了婚，有了孩子，就有关于爱人和孩子方面的话题。在工作之余，都可以顺便聊聊，可以增进了解。要知道，信任是建立在相互了解的基础之上的。

3. 有事多向同事求助

轻易不求人，这是对的。但有时求助别人反而能表明你对别人的信赖，能融洽关系。比如，你身体不好，你同事的爱人是医生，你可以通过同事的介绍去找，以求更好地得到解决。倘若你偏不肯求助，同事知道了，反而会觉得你不信任人家。你不愿求人家，人家也就不好意思求你。你怕给别人添麻烦，人家就以为你也很怕麻烦。良好的人际关系是以互相帮助为前提的。

当然，求助要讲究分寸，尽量不要使人家为难。

4. 有好事要及时通报

单位里发物品、领奖金等，你先知道了，一声不响地坐在那里，像没事人似的。这样几次下来，别人自然会有想法，觉得你太不合群，缺乏共同意识和协作精神。以后有这类好事，也就有可能不告诉你。如此下去，彼此的关系就不会和谐。

5. 在办公室里不要有小集体之分

大家一起工作，共事久了，肯定会和同事间关系有疏密之分。但是，切忌将亲密关系在办公室里张扬，如小声交头接耳、突然哈哈大笑、做事你我不分等，都会惹来别人的反感。这样的关系可以带到休闲时间或办公室以外。

6. 和同事有矛盾不要公开激化

办公室是办公场所，虽然人和人相处总会有摩擦，但切记要理性处理，不要盛气凌人，非得争个你死我活才肯罢手。就算你赢了，大家也会对你另眼相看，觉得你是个不给朋友留余地、不尊重他人面子的同事，以后也会在心底防着你。于是，你会失去真正的朋友。而被你损伤尊严的同事，也会对你记恨在心，你就多了一个敌人。

7. 不做办公室长舌妇

对工作上的意见或私人生活上的事四处散播，或是添油加醋地在别人背后说三道四，会影响同事间的友好。就算是自己性子直，喜欢和同事交心说真话，但有些很小的事情一传十十传百，到最后被传出去的根本不是你的初衷，甚至会毁坏你和同事的形象。

8. 得意不忘形

因为工做出色或者接了大业务而被老板表扬，不要自己在老板没有宣布的情况下就在办公室里飘飘然四下招摇，或故作神秘地向关系好的同事细诉。否则，传开来后，肯定招人嫉妒。又或者你因为工作失误，被批评受罚，于是诉说老板的种种不是，还要牵出同事某某也这样怎么不罚，不仅惹老板厌烦、同事恼怒，你更可能被调离或降职。

总之，搞好同事关系同样是一门艺术。所有的人都需要不断地学习和实践，才能臻于娴熟。希望你能根据自己的具体情况，进行自我分析，从而冲破自我封闭的篱笆，虚怀若谷，建立和谐的同事关系。

和谐的同事关系对你的工作大有裨益，不妨将同事看作工作上的伴侣、生活中的朋友。千万别在办公室中板着一张脸，让人们觉得你自命清高，不屑于和大家共处。

第四篇

多帮助细聆听，与下属相处的谋略

在工作中，领导与下属只有职位上的差异，但人格上却都是平等的。在员工及下属面前，领导只是一个领头带班而已，并没有什么是值得我们炫耀和得意的。帮助下属，其实就是帮助自己。上级只有走进“群众”，用心聆听他们的需求，尽力帮助他们，员工们的积极性才会发挥得更好，工作也才会完成得更出色，而你自己也才会获得更多的尊重，树立开明的形象。

谋略一："新官上任三把火"，告诉别人"我来了"

俗话说："新官上任三把火。"新官上任，不放几把火烧烧，新官的位子终归不稳当。为了能够把新官做好做大，放它三把火，烧死敌人，照亮自己，实在是最简单、最有效的办法。因此，三把火是必然要烧的。但火得循序渐进地烧，太猛则可能会酿成火灾，造成不可收拾的后果；太弱则不能发出自己的光和热，难以树立自己的威信，为自己日后的管理增加难度，甚至把自己也熄灭了。不管是老板还是你的下属，在你刚上任期内，对你的关注度一定是最高的，大家都在密切关注你的"火"的力度和强度。

有一位新领导上任后，连做三件出人意料的事。第一件事，邀请所有工作人员会餐，并赠送每人一台半导体收音机。会餐中，新领导提出厂里太脏的问题，后来大家一齐动手，把工厂清理得焕然一新。第二件事，新领导亲自会见工会代表，表示"希望得到工会的支持"，这又调动了工会的积极性。第三件事，把被解雇的老工人接回来。这些人感激不尽，拼命干活。三件事做过后，该企业的生产效率和产品质量大大提高。

这位新领导成功的关键就在于：他改变了前任只重视财物管理而忽视理顺人际关系的弱点，着力于调动人的积极性，自然就会收到神奇的效果。

看来，新官上任，三把火必须得烧。那么，如何烧好呢？我们建议，新上任的领导为稳重起见，不要一上来就竭力显示自己的工作能力，为了烧三把火而大造声势。由于没有彻底了解情况，这种做法往往导致失败。因此，上任后的第一步，应该是全面了解你所领导的部门的情况。经过综合分析之后，找出工作中的不足之处，有的放矢地烧这三把火。你的上司不会因为你没有马上烧三把火而降你的职，但如果三把火烧鲁莽了，可能会在下属中产生不良情绪，你的工作就难以推进了。

建议新上任的领导在烧三把火时，不必执意找一些根本问题大动干戈。

如果在一些经常存在的小问题上烧一烧，把问题解决了，反而更能显示出你的能力。

1. 严抓制度建设

这里涉及对违章人员进行处罚的问题。处罚的规章应该在正式场合明确宣布，让所有人都清楚地了解规定。如果有人违反了规定，应严格按照规章进行处罚，让大家都知道你是有令必行的。在进行处罚时，应该掌握好分寸，注意方法，不要因方法不当而造成负面影响。

2. 选准突破口

选准突破口，要解决下属最关心、最迫切需要解决的问题。这些问题看似“老大难”，其实，只要认真努力，是完全可以解决的。一旦解决，就能顺民心得民意。

3. 明确分工

领导者的一项重要职责就是要划定员工的工作范围。如果下属彼此之间职责不明，他们要么会相互推诿，指望别人多干一些；要么就会相互干扰，搞得大家都干不好工作。所以，作为领导，你在分配工作时，一定要本着细致、科学的态度，认真地做好责任划分。要明确每个人应该做什么、不应该做什么。有些工作是必须合作才能完成的，但合作中也要有明确的分工。这样一来，员工间便很少会发生相互扯皮的现象。

4. 制定适度标准

所谓“适度”，简单地说，就是制定的标准既不过高也不过低。再形象一点说，就是“跳一跳便可以摘到树上的苹果”。

标准过低，员工不费吹灰之力就能达到，这样考核就失去了意义；标准过高，员工无论怎么努力都不能达到，他们就会产生“破罐子破摔”的想法——反正也达不到要求，干脆不干了，这样还不如不制定标准。只有那些经过一定努力可以达到的标准，才能对员工产生激励作用。

5. 与下属分享成果

作为一名成功的领导，应设法让你的下属分享你现有的成果。别忘了，分享是对下属的最大激励。

万事开头难。任何一个领导都曾有过尽快打开局面的经历。不论是刚走上领导岗位的新干部，还是因工作变动而出任新职的老干部，上任开始想踢好头三脚、烧好三把火，打开局面、树立威信，都是艰难的。这是因为，三把火如果烧得不好，轻则以后工作难以开展，重则可能会丢掉“乌纱帽”。

谋略二：严厉之中加点人情味

作为上司，要掌握苛责和感情输入的良好运用。苛责过分，下属会认为你不近人情，缺乏理解，从而产生逆反心理，消极怠工，不利于出成绩；感情输入过分，会使你显得比较软弱，缺乏应有的威慑力，下属也会对你的命令或批示执行不力，甚至置若罔闻。

因此，作为领导者，该强硬的时候必须强硬，该温情的时候也必须温情。作为下属，自己的潜能究竟有多少，有时连他们自己也弄不清，而能够使其尽情发挥的原动力就是领导者的工作方法。

最重要的一点是，现代人的反抗心理特征强烈，普遍不愿服从领导。因此，很难让其产生恐惧心理，反而很容易刺激他们的反抗意识。这在年轻职员身上体现得特别明显。年轻人心高气傲，反而使主管有时受到他们的威胁与蔑视，以致局面无法收拾。因此，主管应正确运用胁迫手段。

1. 明确威胁的手段和缺点

威胁手段的缺点就在于能积累不安与不满。无法发泄的不安与不满的情绪不断累积，终于形成无法控制的力量而爆发出来。事态至此，将无法收拾。

2. 以平时稳妥统御为主

这种威胁手段说到底是一种权宜之计，是迫不得已时采用的应付危机的手段。因此，平时要用良性的统御方式，尽量减少危机的积累，避免最终爆发。

3. 采取威胁手段之后，立即采用应对的政策和手段

采取威胁手段之后，应立即采取一定措施，以消除过度的紧张情绪和局面。黑脸唱过后，还要唱好白脸，这样才能使统御恢复正常。

三国时的诸葛亮可谓是一个软硬兼施、恩威并济的高手，单从挥泪斩马

谡一事即可见一斑。马谡大意失街亭之后，西蜀屏障全无，诸葛亮当即决定将马谡斩首示众。而马谡临刑之际，诸葛亮却又痛哭流涕，细数马谡的长处，感动得马谡也痛哭失声，如遇爹娘、知己，而后毫无怨言平心静气地赴死。众将士也都为诸葛亮的执法如山和体恤下属所感动，自当效死捍卫蜀国。

这是诸葛亮的高明之处。如果马谡失街亭之后，他先是大哭一通，而后再冷脸斩马谡，那么情形就不一样了。估计有很多人会以为他这是在猫哭耗子假慈悲，军心也必然会由此涣散。

高明的领导要做到赏罚分明，先是严明纪律，而后再讲人情味，这样才会使威慑力和情感力有机地结合起来。所以，既不能一味地讲严，也不能一味地讲人情味，更不能本末倒置。否则，就会失去领导应发挥的作用。

在大多数人的认知中，可以信任接受面恶心善的人，而面善心恶的人应该是我们唯恐避之不及的人。但是，如果我们对善与恶重新进行诠释，面善心恶正是恩威并济的实施手段。

谋略三：真心换忠心，以情御人

人性中最大的弱点是有感情，中国人尤其如此。“生当陨首，死当结草”，“女为悦己者容，士为知己者死”，无一不是“感情效应”的结果。作为上司，应深知其中奥妙，不失时机地付出感情投资，对于笼络部下往往能收到异乎寻常的效果。

所以，睿智成功的老板都是洞悉人性的用人高手。他们了解员工的内心世界和客观需求，并善加运用。这些老板可能不用花费金钱而只是一个微笑或赞许，便哄得他的员工心甘情愿地为他卖命。

《孙子兵法》说：“视卒如婴儿，故可以与之赴深溪；视卒如爱子，故可与之俱死。”在这里，孙武提出要爱兵，这样士兵才会与之赴深溪，与之俱死。人世间的情感是一种珍贵而奇妙的东西。人与人之间建立在共同志向和事业基础上的情感是最纯洁、最健康的，因而也最能催人奋进。

情感不仅调节人的认知，而且调节人的行为。当人有了共同的心理体验和表达方式时，情感追求更成为人们共同的需要，人际之间的依恋性就会越来越强，团队的理解力、凝聚力、向心力便成为不可抗拒的精神力量，维护团队的责任感甚至是使命感也就成了每个成员的自觉行动。

尽管当今社会流行“认钱不认人”，但是“人情生意”从未间断过。毕竟，人是有情之灵物，人人都难逃脱一个“情”字。作为企业领导，要实现自己的意图，必须与下属取得沟通，而人情味就是沟通的一道桥梁。它可以有助于双方找到共同点，并在心理上强化这种共同认识，从而消除隔膜，缩小距离。那么，领导该如何用真情去打动下属呢？

1. 要加强自身修养，情出自“真心”

情应该是发自内心的。不管你是面善的领导还是脸色难看的领导，如果你能够从内心深处去尊敬每一个人，你就能够拥有一种谦逊的胸怀，你就能够发自内心地和蔼待人，你自然就会看到员工的长处，认可他们为企业所做的贡献，相信他们的潜力，以一颗宽容慈爱之心对待他们。上司脸色柔和，给人以春风沐浴般的温暖，员工自然心领神会，愉快地工作。企业上下都和和气气，可谓“和气生财”。上司尊重下属，从不大声地喊叫、呵斥，说话友善，平易近人，对他们的态度十分亲近。下属自然就愿意靠近你、接受你、信赖你，进而把你的事业当成他自己的事业。你还要记住下属的名字，不要忘了跟对方打招呼。当对方以善意的态度与你打招呼时，你一定要回应对方。尽管你很忙、很烦，但你的一声招呼会使你的下属舒心愉快，尽心尽力地为企业工作一整天。如此保持下去，你们的关系会越来越近，你的工作也会非常顺畅。这都要归功于“真情”的效用。相反，如果下属看到笑容满面的领导有一颗狡诈的心时，就会对虚伪的笑容十分反感。

2. 要接纳你的下属，关照他、帮助他、称赞他

如果你的下属在你手下工作两年了，你们很少接触，你对他的事一无所知，你怎么会用真情打动他呢？但是，如果你换一种方法，和他聊聊天，请他吃顿饭，多征求他的意见，对一些好的建议及时称赞，在工作上给予一定的帮助，经常找个理由聚一聚，即使他有一颗顽固禁闭的心，也会向你打开。

3. 危机时刻，伸手帮一把

俗话说：“患难见真情。”当你的下属在生活中遇到了烦恼、工作中碰到了难题，这个时候，如果你积极地表现出愿意帮忙的态度，并且给予一定的帮助，那么，他定会对你充满感恩，并为你效力。

人们在做出某种决定时，是依赖人的感情和五官的感觉来做判断的。也就是说，感情可以突破难关，更能诱导反对者变成赞成者。这是潜在心理术的突破点。

人是需要激励的，激励的方式有多种多样，物质激励只是其中之一。真正长久而深入人心的，往往是情感的激励。“感人心者，莫过于情”，情感激励能够充分体现领导者对下属的重视、信任、关爱之情。

谋略四：让赞美变成批评的外衣

美国演讲家戴尔·卡耐基说："矫正对方错误的第一方法——批评前先赞美对方。"批评前先赞美，能化解被批评者的对立情绪，使其乐于接受批评，从而达到预想效果。

是的，面对批评和赞美，我们近乎本能地拒绝前者而喜欢后者，因为人类最深层的本性就是渴望得到别人的重视。听到批评，心里自然会感到难过，也会有意无意地以种种方式来拒绝、逃避批评。其实，这不仅仅是因为批评者缺乏语言表达能力，更重要的是批评和赞美本身会使人产生两种相反的心理。

但在我们传统的理念中，批评是以批为主，主要是针对问题和缺点，加以直接或间接的揭露和评判，并在批评中指出症结，点明错误，教给方法，督促整改。其实，给批评穿上赞美的外衣，对改正一个人的错误会更有效。

据说，1923 年，约翰·卡尔文·柯立芝登上美国总统宝座后，聘用了一位漂亮的女秘书。但她过于注重修饰装扮，以至于在工作中经常出错。

这天一大早，女秘书刚走进办公室，柯立芝便对她说："今天，你穿的这身衣服真漂亮，正适合你这样年轻漂亮的小姐。如果你在工作中更仔细一点，那就更完美了。"

从那天起，他的这位女秘书在工作中就很少出错了。

柯立芝的做法之所以受到许多人的赞同，是因为他极具批评的技巧和艺术。他对美丽而粗心的女秘书首先不是批评女秘书工作中的"不是"，而是采取"先给个糖再打针"的策略：以任何一个女人都不可抗拒的"花言巧语"来"宝贝"她、"俘虏"她。在这样的言语蓄势铺垫之后，便水到渠成地转到他的真正用意上，来个"反戈一击"，走向"温柔一痛"，达到批评、教育女秘书全力做好工作的目的。

身为上司，有时为了工作不得不斥责下属。然而，骂人却比被人骂难得多。因为面对批评，每个人都不可能那么高姿态，坦然接受。虽然本应秉持“有则改之，无则加勉”的态度，但这支清醒针扎下来，刺痛少不了。所以，如果上司批评得好，人家接受；反之，麻烦缠身，成了“不受欢迎的人”。批评要学会变“害”为“利”，使硬接触变成软着陆。其实，在批评的过程中，适时采取先表扬后批评的方式，能使对方树立改正错误的信心，树立全新的自我形象。因为他从你那里得到的信息是，自己是有优点的，即使有错误，也能很容易地接受批评，并很快地改正。所以，批评的艺术可以被称为职场人士社交与处世的基本哲学。

历史上有很多智人谋士，都是善用“先给个糖再打针”的策略的人，从而以吹灰之力，成就其大事。比如，触龙说赵太后，就极其典型。

秦国进兵赵国，赵国向齐国求救兵，而齐国一定要长安君当人质才肯出兵。长安君是赵太后的小儿子，当时赵太后当权，不肯答应。大臣们轮流劝谏，都被太后顶了回去。无奈之下，左师触龙出面劝说。那时，太后正在气头上，背对着他。触龙进来慢慢坐下，先与太后聊些吃饭之类的家常，又慢慢将话题转到子女上。取得太后共识后，他才顺理成章地道出爱子女要为他们的长远利益考虑的道理，说明出齐当人质正是长安君建功立业的好机会，是为将来自立打基础，终于劝动了太后。

触龙都能说动太后，那么作为上司，只要运用一定的技巧，也应能说动下属。金无足赤，人无完人。只要是人，就可能犯错误。其实，任何有上进心的人都不愿意犯错。作为上司，如果你希望你的批评能够取得良好的效果，就要在方法上下功夫。一个人犯了错误后，最难以接受的就是大家的群起攻之，这样势必会伤害他的自尊心。怎样批评，实际是一种说服的技巧，是一门沟通的艺术。批评的目的在于打动对方，使得对方能认识到自己的错误，回到正确的轨道上，而不是贬低对方。即使你的动机是好的，是真心诚意的，也要注意方式和场合等问题。

赞美能让人谦虚，又能建立友善的气氛。在批评别人前，应先提及别人的优点，对他赞美一番。这会让人感到轻松愉快，消除刺激和敌意，使后面的批评更易于被接受。

谋略五：赞扬和认可是最好的激励

加薪、晋升是激励下属的主要手段，可绝大多数上司是无权解决下属加薪、晋升问题的。那么，他们在激励下属上就无事可做了吗？事实并非如此。充分调动员工的积极性，并不一定需要付出很多钱。而很多员工也表示，让工作变得有吸引力的也并不是职位和钱，而是上司对他们的赞赏和认可。就像这位老板，仅仅用了一支粉笔，就重振了员工们的士气。

有一家铸造厂，老板经营好几个工厂，但其中有一个工厂的效益不太好，从业人员也没有太大的干劲，不是缺席，就是迟到早退，交货总是延误。该厂的产品质量低劣，消费者抱怨不迭。虽然这个老板已经指责过该厂管理人员，也用过很多办法激发工人的士气，但始终没有收到什么效果。

有一天，这个老板发现，他交代给现场管理员办的事，一直没有解决。于是，他就亲自出马了。这个工厂实行的是昼夜两班轮流制。下夜班的时候，他拦住一个工人，问道："你们的铸造流程一天可以做几次？"该工人答道："六次！"老板听完后什么也没说，只在地板上用粉笔写了一个"六"字。紧接着，早班的工作人员进入工厂上班，他们在工厂门口看到用粉笔写在地上的"六"字，问明原因后，便努力工作甚至突破"六"个流程的标准，完成了七次铸造流程，并在地板上重新写了一个"七"字。到了晚上，夜班的作业人员为了刷新纪录，做了十次铸造流程，而且在地面上写了一个"十"字。过了一个月，这个工厂变成这个老板所经营的几个工厂中成绩最好的一个。

每个人都有自尊心和自信心，潜在的心理都希望"站在比别人更有优势的地位上"。从心理学角度讲，这种潜在心理就是自我优越的欲望。有了这种欲望之后，人类才会努力成长。也就是说，这种欲望是构成人类干劲的基本因素。

对于每一个领导来说，无不希望自己的员工努力工作，为组织创造更多的效益。然而，要使员工在工作中付出最大的努力，领导就必须对员工进行有效的激励，把员工的潜能挖掘出来。

一位成功的管理者总结出以下几个不花钱却能使员工备受激励的方法。

第一，口头表扬作用重大。对于视利益高于一切的人来说，口头表扬可能是“只听楼梯响，没见人上来”。但对于追求上进的员工来说，它却意味着鼓励。口头表扬被认为是当今企业中最有效的激励办法。

第二，不举行无意义的评选活动。如果评选权在管理者手中，员工们不明真相，会认为那是“政治”活动，不会对此产生兴趣。若以工作成绩为基础，突出者总是那几个。若轮流获奖，那种机会是平等的，更不会激起大家的积极性。但是，若能给员工一些额外奖励，效果就大不一样了。比如，一位客户存了一大堆促销用的帽子，就给参与项目的员工每人发一顶，使员工觉得他的工作有附加值。当别人问他：“你在某某公司的工作如何?”他会说：“工资不怎么样，但有时会发些额外的东西。”

第三，毋庸置疑的态度。作为管理者，你应该鼓励百家争鸣、百花齐放，让员工说话。只有这样，企业才能生机勃勃。如果你对员工持肯定和引导的态度，员工就会主动替企业分忧解难。

第四，举手投足间的语言。皱眉、瞪眼、指手画脚，这些小小的动作都会被视为领导的权力和控制欲，而不是员工值得信赖的上司所做出的动作。哪怕是无意的，其结果也会引起敌对情绪。

第五，给予下属放手干的空间。一位低薪员工说：“领导有一次对我说：‘这些都必须在下午之前装进盒子，打上标签，装进货箱后运到车库。等你做完了，还有些别的事需要你帮忙。’然后，就走开了。这让我感觉自己是程序中重要的一环。既然领导相信我能做好，我就要证明自己能做好，不让他失望。”

第六，别老是一本正经。领导对员工偶尔的小小违规行为若能持微笑、缄默的态度，也能缔造企业内部健康、和谐的气氛，使员工感觉领导富有人情味。

领导如果没有认真思考和了解员工的内心需要，在激励时不分层次、不分对象、不分时期，都给予特质激励，形式太单一造成激励的边际效应逐年递减。领导责怪员工要求太高，员工则抱怨激励太单调，结果企业费时、费财，员工们还不满意。其实，员工需要物质的激励不错，但更需要精神的激励。

谋略六：有权力也需有魅力

李嘉诚在总结他多年的管理经验时说："如果你想做团队的老板，简单得多，你的权力主要来自地位，这可来自上天的缘分或凭仗你的努力和专业知识。如果你想做团队的领袖，则较为复杂，你的力量源自人格的魅力和号召力。"由此可见，领导只有把自己具备的素质、品格、作风、工作方式等个性化特征与领导活动有机地结合起来，才能较好地完成领导任务，体现领导能力；没有人格魅力，领导的领导能力难以得到完美体现，其权力再大，工作也只能是被动的。

那么，所谓的领导魅力是什么呢？领导魅力就是领导所具备的非凡的品质，在领导活动中表现为对追随者的吸引力、凝聚力和感召力，并因此形成领导和追随者之间的和谐关系。

领导魅力虽然含有职务权力的因素，但更多的是个人影响力。领导魅力是领导权力运用的最佳状态，它以权威为基础。但魅力主要不是依赖于职位权力，权力只能"制人以体"，个人影响力才能"降人以心"。领导凭借个人的非凡品质和人格感召，激发下属追随的愿望，以至于渴望被领导，这正是魅力型领导的力量源泉。领导魅力公式是99%的个人影响力加上1%的职位权力。

领导魅力的基础大致由以下七种力量要素构成：

1. 合法的力量

领导地位身份的取得有其合法性、正当性，不同的职位便有一定的权力与责任。在合法的范围内，他可提出要求、命令与指挥、调度，因为他要对使命与目标负担全部的责任。

2. 奖酬的力量

对于下属的表现予以评定，因其表现优异可给予各种酬赏肯定或赞美，满足属下成员需求。奖酬的方式包括金钱奖励、晋升高位、认可表扬、弹性自由、进修成长、行动或决策参与、给予偏爱的工作等。

3. 处罚的力量

若下属的表现不符合要求或违抗命令，则对其行为有强制权，使其遭受损失或痛苦。采取纪律程序有下列方法：调职、扣薪、架空收回权力、降级、记过、解职。

4. 专家的力量

对专业知识与技巧非常熟稔，经验非常丰富，具有专家的形象与自信；遇有困难、危机能表现其专业与决断；能保持专业知识的灵通；能了解下属关心及所忧虑的事，并设法解决。

5. 参照的力量

领导的内在素养、道德节操为下属所接受、敬仰，可作为成员表率及模仿对象。平时在生活与工作上能关怀下属，以非正式沟通方法减少地位上的隔阂，与下属建立亦师亦友的关系，自然能以德服人。

6. 信息的力量

领导所处职位决定了信息的流向与内容，尤其是此信息对员工有利害关系时。领导是否掌握下属所需要的信息，自己所获得的信息有多少？愿意分享的程度有多大？这些信息力量都会影响下属的行为。

7. 关系的力量

因领导对决策核心的接近，或因个人与上层有特殊关系，或所领导部门的绩效特别显著，使得个人前程看好，资源充裕，在光环效果之下，较易影响他人。

以上七种力量要素即构成领导魅力的基础，前三项为组织所赋予的正式权力，后面四项则属于个人的影响力。也就是说，魅力等于权力加影响力的总和。那么，领导魅力是不是一种神话，让许多人都难以企及呢？其实不然，它同样存在一定的内在的规律性和科学性。领导在认识领导魅力之后，就可以有意识地培养领导魅力。美国领导学家托尼·亚历山德拉认为：“魅力并不是建立在智商和遗传的基础之上，也不是建立在财产、幸运和社会地位的基础之上。相反，它可以通过个人的努力而加以掌握。”

总之，有能力的人不一定都有人格魅力。缺乏优秀的品格和个性魅力，领导的能力即便再出色，人们对他的印象也会大打折扣，他的威信和影响力也会受到负面影响。只有将权力与魅力结合起来，既领导下属，又关怀下属，领导才会受到下属的衷心爱戴，下属才会对领导心悦诚服！

领导的人格魅力体现了领导魅力的基础。领导者的人格魅力，是基于领导内在素质和公共形象的魅力，是领导对被领导者有一种权力难以达到的巨大影响力。

谋略七：是金子就该让他发光

“故善战者，求之于势，不责于人，故能择人而任势。任势者，其战人也，如转木石。”孙子强调“择人任势”，是使其利用有利的态势，确保战争的胜利。孙子把“势”建立在夺取战争的胜利，即首先具备客观条件的基础上。他这种既重视客观条件，又重视人的能动作用的看法，是难能可贵的，也是孙子哲学的特点之一。当我们造成有利态势时，就会达到如孙子所说的“如转圆石于千仞之山者”。

孙子所说的重视人才问题，在科技飞速发展的今天更显重要。任何组织的管理者如果没有对人才的需求欲望，恐怕很难有所作为。现代社会的竞争，无论是技术竞争、市场竞争、信息竞争还是资源竞争，说到底都是人才的竞争。要想在激烈的竞争中求生存、谋发展，广泛地拥有各方面的人才是至关重要的。人才如同企业的命脉，如何选拔人才、使用人才是企业管理者最重要的大事之一，直接关系到企业的兴衰胜败。

统一企业高清愿就懂得如何去使用优秀的人才为企业服务。高清愿在用人方面，特别注重品德与实务经验。只要是具有真才和实干精神的人，都能得到他的欣赏和重用。

高清愿认为，经营企业需要各种人参与，而每个人的个性、家庭、成长过程有所不同。踏入社会之后，自然因个人的背景不同，而影响其做事的想法。企业用人不论博士、硕士，均须从基层做起，才可能升任主管。

因此，高清愿强调：“用人必须从基层选拔，而非一纸高学历文凭。企业要赚钱，完全事在人为。事业用人要唯才是用，了解员工的特长，事业需要苦拼出来。”

统一企业有一条不成文的规定，那就是女员工一旦结婚就得自动辞职。

这是高清愿员工管理的一大特色。不过，随着时代的发展和事业的进步，高清愿逐步改变了这种观念。特别是统一企业成立信息产业部和与美、日等进行技术合作后，高清愿也开始起用那些德才兼备的女士，为统一企业服务，为统一企业创造财富。

他对统一企业人事部门的干部说：“工人入厂工作，只要勤快努力。但职员以上的人才，就必须注意到他的品德。”

他说：“尤其是企业的中层干部，直接与员工接触，他们的一言一行直接影响厂内的基层干部，也直接带动整个企业的风气。”

也正因如此，高清愿在选择第一批中层干部的时候，最为慎重，要求也最严格。他不但要审核这些人的履历表、自传、学校成绩单、毕业证书，更把他们在初中、高中、大学的操行证明书列为审核项目，在初次筛选后，又从各方面打听他们的品德。

高清愿说：“学历不如做事，做事不如做人。有才无德，才不能用；有德无才，德可以用。”是的，一个人仅仅是能力强、脑筋好却无德，并不是好现象，企业经营需要的是忠实与热忱。

高清愿说：“一个有能力与品德好的干部，在企业中领导员工做事，能让员工心服口服，也能让员工知道领导有眼光而公平，那么他们就会卖力地工作，以报答企业负责人的知人善任。”

在统一企业的成就中，有许多是高清愿引以自豪的。其中之一便是能让年轻人有充分施展才能和升职的机会。他说：“往往有许多年轻人，想努力却没有发展的机会。但在统一企业中，却没有这种情形！”

卓著的信用与公平的人事，就是高清愿在统一企业股份有限公司创立时打下的两块基石。也正是因为他的知人善用，统一企业才有了今天的辉煌。

由此可见，人才问题不仅关系到一个企业、一个部门的生存发展，也关系到一个国家的盛衰存亡。

20 世纪 30 年代初，美国深感知识、人才的重要，除在本国加速人才培养外，还大量地从国外引进科技人才。这些人才对美国的科技和经济的发展起到了决定性的作用，最终使美国成为世界头号经济强国。第二次世界大战后，日本经济能够迅速腾飞，重要原因就是重视人才的培养。而我国经济能够得到发展，也是从重视人才开始的。商界无数的实践也证明，能够在竞争中立于不败之地的企业，都有一批出色的技术和管理人才。所以，一个人想成大事，就必须有强烈的求才欲望。在发现有潜质的人才后，应对其加以提拔和培养。具体来说，应做到以下几点：

1. 鼓励他公开讨论自己的观点和建议

此举是增加其对主管的信任，以及对企业或部门的归属感的保证，这样可以显示他的建议受到你的重视。为了有所表现，他更乐于创新。

2. 赞美他杰出的工作

不要害怕他会被宠坏，在他杰出表现之后，加以称赞和鼓励。因为你的冷漠，会使敏感的他以为你嫉妒他。通常卓越的人均懂得鉴貌辨色，为免功高盖主，招你猜忌，他宁愿把创造性的建议藏起来，待有机会即另谋高就。

3. 给他明确的目标和富有挑战性的工作

卓越人才做事有点天马行空，但又有出乎意料之外的成功；你给了他们明确的目标和富有挑战性的工作，他会感到被重用而满怀工作激情。

4. 推荐他就读有帮助的课程

"学习如逆水行舟，不进则退。"如果你将卓越人才的工作编排得密密麻麻，他根本没有时间学习新事物，不断工作的结果会使他精神疲累。同时，为了委派任务给他，主管应该先对其进行培养。在这方面，推荐他去就读有关的课程和上有关的培训班是一个良策。

5. 对他额外的贡献给予赞赏鼓励

在你未能给予他更佳的报酬时，一些物质奖励是必要的。对于他对企业额外的贡献，如无特别待遇，动力自然减弱，但不表示他不再追求进步。

还有一点是很重要的，那就是有了人才还要会用。成大事者在处理自己与周围人的关系时，往往能挥洒自如。这是因为，他们都有良好的协调能力。组织协调能力对一个欲成大事者来说也很重要，它能真实地反映成大事者的水平。如果你身边聚集了不少人才，你却不能根据每个人的长处及不同的兴趣、爱好与价值准则提供合适的舞台，那么人才也会变成蠢材。但如果懂得怎样用人，那就可以把每个人的价值发挥到最大，取得的成果也就会越大。

在一个企业里，一些员工的巨大潜力被无谓地浪费掉或未能得到充分的发挥是常有的事。为了企业的利益和事业的发展，领导应对下属进行考察，让金子发光。

谋略八：放下架子，与下属亲密接触

有人说："如果你无法成功，很多时候，问题并不是出在你不够努力，而是出在你无法在关键时刻放下身段。"身段是一个人自恃的身份，有的人因家世好觉得自己的身段高，有学问的人觉得自己不同凡响，有钱财的人觉得自己不同旁人，有名位、有才华的人认为自己胜人一筹，并借此来抬高自己的身段。事实上，若依赖这些作为身段，是非常不合时宜的。

比如，有一些做领导的人，总是由于面子问题而不肯放下架子。其实，放下架子是领导与下属缩短距离的前提条件。作为上司、老板，很容易产生高高在上的感觉，通俗地说就是"拿架子"。"拿架子"是没有好处的。对于下属而言，领导本来位置就高高在上，具有一种相对优越性。如果领导不注意自己的"架子"问题，凛然一副高高在上、神圣不可侵犯的姿态，势必在自己与下属之间划出一条鸿沟，从而切断领导与下属进行感情交流和沟通的纽带，拉远了上下级之间的距离，更不可能引起下属的心灵共鸣。所以说，如果你想走出一条属于自己的路来，你就要放下身段，回归到平凡当中去。当然，也不要在乎别人的眼光和非议，努力做你想做的事，走你认为值得走的路。

"拿架子"是领导的一大忌，也是领导最易犯的毛病之一。作为一个好的领导，应杜绝这种现象的发生。端着架子的领导总认为自己是权威，比下属强，不可能对下属的优点和成绩做出无私的、客观的评价，甚至不敢接受下属超越于自己之上的才能，不可能以由衷的赞美来激励下属。这很难让下属产生工作的积极性。

因此，聪明的领导会把自己事实上的职位优势最大限度地隐藏起来，放下"架子"，明察秋毫，善于发现下属的成绩和优点并及时地予以表扬。

领导要做到尊重员工，最基本的是要放下“架子”。只有彻底地放下领导的“架子”，才能拉近与下属的距离，不至于使下属产生“离心”的念头，从而博得下属的好感和信任，促使下属自觉努力地工作。

平易近人是“架子”的克星，也是下属希望上司具有的一种素质。一位经常与下属聊天、娱乐、讨论工作的领导更容易被大家接纳，他的话更容易被大家理解、接受，他对下属的称赞才会自然、得体、到位。

因此，领导在与下属接触的过程中，要平易近人，放下“架子”，尽量消除由于上下级关系所带来的紧张和不安。只有这样，才能得到员工的拥护，从而使工作氛围更加融洽、和谐，自己也会求得更高的发展空间。

日本某公司的一位董事长在他年轻时，因为工作上急于求成，遇事常急躁冲动，结果被贬到基层去担任一个部门的主任。到任时，在欢迎酒会上，由于他不善喝酒，也不善辞令，以致许多职员认为他是一个不讲人情的上司，大家对他都是敬而远之。他在这个部门里的工作也一度变得很被动，工作开展不起来。

这样闷闷地过了大半年后，在过年前夕，举办同乐会，大家要即兴表演节目。于是，他在同乐会上唱了几句家乡戏，赢得热烈的掌声。连他自己也没想到，那些一向对他敬而远之的部下们会因此而对他表示如此的亲近和友好。从此，他的部下非常愿意和他接近，有事都喜欢跟他谈。他也更加与部下贴心了，由过去令人望而生畏的人变成可亲可敬的人。在工作中，无论多难办的事，只要经他出面，困难总会迎刃而解，事情定能办成。由此，这个部门的业绩突飞猛进。因为他工作有能力，而且如此得人心，后来荣升为这个公司的董事长。

升为董事长后，在公司的跨年晚会上，全公司的头面人物都出席了。会上，大家都为本年度的好成绩而高兴。于是，公司总裁的秘书小姐提议使大家在高度欢乐中散会。她想出一个办法，把一个分公司的副经理抛到喷泉的池子中去，以此使大家的欢乐达到高潮。总裁同意了这位小姐的提议，就和这位董事长打招呼。董事长表示这样做不妥，决定由他自己——公司最高领导者，在水池中来一个旱鸭子游水。

董事长转向大家说：“我宣布，大会最后一个项目就是秘书小姐的建议：她叫我在泉水池中来一个旱鸭子戏水。我同意了，请各位先生女士注意了，我就此作表演。”于是，他跳入池中，游起泳来，引得参加会议的几百人哄堂大笑……

事后，总裁问他："那天你为什么亲自跳下水池，而不叫副经理下去呢？"

董事长回答："一般来说，让那些职位低的人出洋相，以博得众人的取笑，而职位高的人却高高在上，端着一副架子，使人敬畏，那是最不得人心的。"董事长这些话提醒了总裁，使他和董事长一样平时注意贴近部下，学到了办好企业的招数。

摆架子只会使自己的就业之路越走越窄，因为你讲究"架子"，计较"得失"，就人为地给自己画了一个圈，限制了自己的手脚，而别人用起你来也会瞻前顾后、顾虑重重，从而将目光投向他处。反之，则会给人一种具有良好团队意识的印象，同事间关系也会融洽，别人乐于助你，你的发展机会就大得多。

不仅如此，放下身段的人在竞争上也有很多的优势。

首先，放下身段的人，他的思考富有高度的弹性，不会有刻板的观念，而能吸收各种资讯，形成一个庞大而多样的资讯库，这将是他的本钱。

其次，能放下身段的人能比别人早一步抓住好机会，也能比别人抓住更多的机会，因为他没有身份的顾虑。

总之，如果你真的渴望成功，想做出一番事业的话，你就要放下身段，保持平和的心态，荣辱不惊，有从零开始的准备。只有这样，你的路才会越走越宽，越走越顺。

人与世间万物的区别就是，人是无法用价值来衡量的。依靠抬高身份并不能提升身价，人们只喜欢与自己平等的人。所以，身居高位者越是放下身段，越能增加在别人心中的分量。

谋略九：肯定对方的价值，满足他的荣誉感

莎士比亚说："我们所得到的赞美就是我们的薪水。"赞美是温暖灵魂的力量，任何人都需要赞美。赞美就像阳光一样，没有它的照射，我们就无法生长。

但我们也必须认清楚，承认一个人的价值和赞美一个人，与"奉承"是有区别的。"奉承"是毫无事实根据地混淆是非、颠倒黑白，而赞美却是在他人优点的基础上适当加以夸张，因而使听者感到温暖，无意中会对说话人产生一种依赖和亲切感。这是人与人和谐相处的秘密武器！

在美国的历史上有一个非常伟大的总统，他就是一位鞋匠的儿子——林肯。在他当选总统的那一刻，整个参议院的议员都感到十分尴尬。因为美国的参议员大部分都出身于名门望族，自认为是上流社会地位优越的人，他们从未料到要面对的总统是一个卑微的鞋匠的儿子。

但是，林肯却从强大的竞争者中脱颖而出，赢得广大人民的信赖。这除了他具有卓越的才能外，与他从平民中来，走平民路线，把自己融于广大百姓之中的平民意识是分不开的。

当林肯站在演讲台上时，有人问他有多少财产。人们期待的答案当然是多少万美元、多少亩田地。然而，林肯却扳着手指这样回答："我有一位妻子和一个儿子，都是无价之宝。此外，租了3间办公室，室内有一张桌子、三把椅子，墙角还有一个大书架，架上的书值得每人一读。我本人又高又瘦，脸蛋很长，不会发福。我实在没有什么依靠的，唯一可依靠的财产就是你们！"

"唯一可依靠的财产就是你们！"这正是林肯取得民心的最有效的手段。而事实也证明，林肯的这一手段为他赢得了民心，得到了大众的支持。所以，

作为一个审慎的领导，绝不要轻易否定任何一个下属。当某个下属引起人们的争议时，作为上司，首先要做的是查清事实情况，认真观察，然后根据调查研究得来的资料，做出自己独立的判断。只要经过认真鉴别，认定下属的出发点是好的，效果是可取的，就应该毫不犹豫地大胆启用，任其充分发挥自己的特长。从某种意义上说，敢于力排众议，果断选用有争议的下属，正是精明的领导与众不同的地方。

对于那些立志高远的下属来说，当他认定自己的特色并有很大的发展潜力时，即使外在因素阻抑他的发挥，他也会克服重重困难，顽强地发掘自己的能力。在这种情况下，不让他扬其特长也是不可能的。与其违背他的意愿，使他逆境成才，不如投其所好，让他直线发展，顺境成才。

这样做有两个好处，使下属获得自尊的满足，因而能好好地工作。另外，领导的负担也会大大减轻。而且，当这样做取得成功时，你们以后的合作就会非常融洽。渐渐地，上下级之间就会形成一个良性循环，形成一个牢不可破的坚固堡垒。

也许有的上司会担心被下属超越，其实，这是完全没有必要的。有个性的下属虽然工作卖力，却未必是想超过你。即使他真的超过了你，那也未必是坏事，因为下级能干，也是领导的光彩。

所以，作为一个领导，最重要的就是肯定对方的价值。只要领导在这一点上表现出起码的开明、豁达和厚爱，下属必定能释放出惊人的能量。

为了让下属有积极性和进取心，不但要放手让他做能做的工作，而且要时时对他的工作进行表扬。当他有错时，也不要当面指责和批评，而是要悄悄地替他改正。

谋略十：让下属“薪”情好，抛弃钱包“空”

常言道：“重赏之下，必有勇夫。”奖赏之法作为用人中的重要一环，不可不认真思量。这是因为，平常人们有爱利之心，如果能通过努力得到它们，自然会奋力争取。

挣得高工资，获得高报酬，也是大多数员工的愿望。现在，企业领导用物质来激励员工，这不但有利于激发员工的积极性，还可以挖掘潜力，在单位里形成较好的竞争氛围。毕竟，金钱在社会中具有极大的吸引力。一般来说，薪水多少是一个人成功标志的重要组成部分。聪明的老板最懂得用实实在在的金钱来激励员工的工作积极性。

有一个老板，为了激发员工的工作积极性，在大会上许诺：“如果谁能在五个月之内连续创造20万元的推销纪录，他就可以得到一辆新款奇瑞QQ。”于是，从那个月开始，所有员工都勤跑业务，充分调动各方面的关系，都想得到一辆奇瑞QQ轿车。最后，有一名员工赢得了轿车，而企业的业绩也创下了历史新高，员工的工作积极性也被调动起来。

物质需要始终是人类的第一需要，是人们从事一切社会活动的基本动因。所以，物质激励仍是激励的主要形式。就目前而言，能否提供优厚的薪水，仍然是影响员工积极性的直接因素。

当然，“奖励就在薪水之中”，多劳多得。贡献越大，其奖励也越高。如始终贯彻这一原则，就可以在职场上形成生机勃勃的竞争风气。但是，马斯洛的“需要等级”理论告诉我们，人性的需要是分成五个层次的，当一种需要满足以后，他会追求另一层次的需要。

第一层次的需要包括生理上的需要。当最基本的生理上的需要满足以后，他会追求安全或保障的需要，包括薪水、福利和工作安全等。这属于社会需要。价值层次的需要则是尊重和肯定的需要，其中自我实现是最高层次。

马斯洛指出：“一旦一个人超越了某个层次，他就再也不受那些较低层次的需求的刺激了。”一般来说，成就动机的雇员比较容易为工资等物质激励所激动，而高层次动机的员工更关心的是他的工作岗位、环境方面等更多的心理满足。总之，要想调动员工的积极性，就必须尽力满足员工的需求。

当然，物质激励也有一定的局限性，有时重赏也会带来副作用，它会使大家彼此封锁消息，影响工作的正常开展。所以，领导在让下属“薪”情好的情况下，还应适时给予精神奖励。有效的精神激励，可缓解某些特定时期员工的内心不平衡。因此，创造一个激励员工奋发有为的企业环境，其功效是一般物质激励难以替代的。

总之，任何奖励都是为提高企业效益服务的，表明企业领导对员工工作的价值肯定。精神奖励和物质奖励各有各的用处，也各有各的局限，分开使用达不到最佳效果，最好是两者有机结合。

没有精神鼓励，物质激励就可能成为员工追逐的唯一目的。同样，没有物质激励，精神鼓励也可能成为空谈。提高企业内部的竞争机制最好的办法是：合理地使用精神奖励和物质奖励两种手段，该奖就奖，提高信誉，力戒空谈。

事实证明，老板发工资比较爽快，时不时地还来个什么什么奖励，会让员工的“薪”情一路飙升，自然便会为企业更加卖力地工作。

第五篇

先相处再共事，办公室人脉全攻略

身处职场的人，每天都必须面对的问题便是办公室里的人际关系。处理好人际关系，不仅关系到我们每天工作时的心情好坏，更影响到每个人在职场的前途和发展。我们只有与同事和睦相处，才能更加出色地完成工作，才能在一团和气中共同进步。所以，办公室人士若想在职场上有所发展，就必须扩展自己的办公室人脉关系网，其中最重要的攻略便是与同事先相处再共事。

攻略一：听得逆耳之言，收获似锦前程

忠告对于帮助他人和建立真诚的人际关系，起着难以替代的重要作用。反过来讲，不能给予忠告的人不是真诚的人。这种人不会将自己的真实感受告诉对方。也就是说，不关心别人的人不会给予他人忠告，不被关心的人也同样得不到忠告。

但是，由于一般人受感情支配，即使内心有理性的认识，仍易受反感情绪的影响而难以听进理性的忠言。如此一来，好心未必能办好事，真心话未必人家就爱听，正所谓忠言逆耳。即使确实是为别人着想，也没有人愿听那些刺耳的话。

但职场生涯似乎总是在否定和肯定之中载浮载沉，不管是来自别人，还是源于自己心底。因此，不必厌恶别人的否定，换个角度想一想，这是在帮助我们前进。

“金无足赤，人无完人。”每个人都有缺点，这是一个无法改变的事实。当听到别人在谈论我们的缺点时，先不要急于辩解。让我们放聪明点，更谦虚点，我们可以大度地说：“如果让他知道我其他的缺点，只怕他还要批评得更厉害呢！”当我们因恶意的攻击而怒火中烧时，何不先告诉自己：“我本来就不完美，这个批评可能来得正是时候。如果真是这样，我还应该感谢他呢。”

纵观历史，凡是成就突出的人，大多勇于接受批评意见。他们能够从善如流，所以能够吸取众人的智慧，避免自己的失误，从而成就自己的事业。

唐太宗时有位大臣叫魏征，他不畏皇权，敢于大胆指出唐太宗的短处。据说，他一生进谏达 200 多次。有一次，唐太宗把一只小鸟托在掌中玩耍，正巧魏征经过。他急忙把鸟藏在怀里，竟把鸟闷死了。不料，这一切已被魏

征看在眼里。他一针见血地指出太宗的错误。魏征死后，唐太宗十分难过，他说："以人为镜，可以明得失。魏征死了，我失去了一面镜子。"是的，正是由于有了魏征这面"镜子"，唐太宗才成为贤君。三国时，袁绍不采用手下谋士的意见，一意孤行，导致"官渡之战"的惨败，并最终全军覆没。刘备急于给关羽、张飞报仇，不理会诸葛亮、赵云等人的劝阻，贸然进攻东吴，被陆逊"火烧连营七百里"，大败而归。

由此可见，能够正确听取别人的意见是至关重要的，尤其是对初涉职场的人。初涉职场，经验欠缺，脚跟未站稳，幼稚的心理蒙蔽了你的理智，那就是"自尊"。为了维护那不理智的自尊，一个小小的冲动就有可能让你摔个大跟头，甚至影响你一生。所以，在待人接物时，应冷静对待，虚心学习，从别人的批评中吸收有益的东西，那你就一定会在职场上有很大的发展。

那么，在办公室里，当你在毫无准备的情况下突然听到逆耳之言的时候，你该怎么办呢？当你的谈话受到无理的顶撞时，你该如何做出反应？

首先，不失态。当逆耳之言向你袭来的时候，在某种意义上说，正是考验你做人态度和处世修养的时候。当然，你若能做到坦然处之是最好的了。可事实上，人们又往往不易做到这一点。逆耳之言会在你的内心激起强烈的反应，这种反应又会表现在面部表情上。应该说，这种内心和外表的变化都是正常的。但是，这种变化应该有个限度，这种限度就是一个人的分寸感。应该把这种限度控制在一定的情理范围之内，如果超出这个范围，就是表现失常，这种失常表现就是失态了。一个人的失态往往是在感情冲动的情况下发生的，严重者会失去自控能力。这些都是在社交场合应竭力避免的。

其次，不失言。听到逆耳之言，感情一冲动，一失态，紧跟而来的就是失言。失言只能引起激烈的争论，使矛盾升级，很容易伤害对方的感情，同时也造成自伤。建立信任难，破坏这种信任则很容易，而一旦要重新建立就更难了。在人为地造成尴尬的局面时，应以一种相互谅解和相互理解的方式进行沟通。听到逆耳之言时，应冷静地多想想对方的话是否有根据，应采取一种得体的方式作答。

最后，不失礼。失态、失言必然会带来失礼。平心而论，对你提出意见和看法，本身就是对你的一种尊重，你应该表示感谢才对。至于对方对你有误解，你可以通过努力去改变和消除。如此方显大度，不失礼于人。

总之，"良药苦口利于病，忠言逆耳利于行"，应当是被批评者对待批评的正确态度。我们必须认清一个事实，那就是当对方有一个正确的意见交给你，无论是好意还是恶意，你将它接受下来总是不会吃亏的。

一个人有了过错并不可怕，只要能够及时改正就无大碍。可怕的是讳疾忌医，不愿意接受别人的批评意见，从而由小错到大错，由大错到不可救药。可以说，没有批评就没有进步，能够接受批评本身就是一种进步。

攻略二：任何人的自尊都不容伤害

在大千世界里，我们都是沧海一粟，是极其微不足道的。但是，作为一个人，一个完整的人，我们有着独立的灵魂，有着不可磨灭的尊严。

无论你相信什么，你都必须确信一点：在自尊心方面，别人和你一模一样。自尊心是每一个人都拥有的，无论他是高高在上的企业总裁，还是沿街乞讨的流浪者。然而，在待人处世方面，我们往往过分强调了自己的自尊心，而把别人的自尊心踩在了脚底下。

在一架由纽约起飞的班机上，一名白人妇女被安排坐在一名黑人旁边。她对身边的黑人怒目而视，黑人则用微笑回应她的不友善。于是，白人妇女气势汹汹地把空姐叫来："请问有什么需要帮助的吗?"空姐微笑着问道。"你们把我安排坐在这里，我受不了坐在这种令人倒霉的人旁边，再给我找个座位!"

几分钟后，空姐回来了。她说："女士，很抱歉，经济舱已经客满了，不过在头等舱还有一个空位。"不等白人女士说话，空姐接着说："在这种情况下，把乘客提升到头等舱，的确是我们从未遇到的情况。但是，我已经获得机长的特别许可。机长考虑到这是一个特殊的情况，他认为要一名乘客和这么令人讨厌的人同座，真是太不合理了。"空姐转向那名黑人说："因此，如果先生您不介意的话，我们已经准备好头等舱的位子了，请您移驾过去。"

周围的乘客顿时报以热烈的掌声，那名黑人在一片掌声中挥着手走向了头等舱。

要想别人尊重你，首先自己要学会尊重别人。当我们学着去尊重周围的所有人时，你才会赢得所有人的尊重，从而建立起良好的人际关系，一步一步走向成功。在职场交往中，自己对待别人的态度往往决定了别人对待我们的态度。这就像一个人站在镜子前，你笑时，镜子里的人也笑；你皱眉，镜子里的人也皱眉；你对着镜子大喊大叫，镜子里的人也冲你大喊大叫。

所以，想在职场中赢得他人的尊重，首先必须平等地对待每一个人，无论你取得了多大的成就。在职场中，尊重职位高的人很多人都能做到，而对那些不起眼的小职员却很难做到尊重。其实，职场中那些看上去不起眼儿的小职员更值得尊重，因为你敬他一尺，他会敬你一丈。况且，说不定他们之中有藏龙卧虎之人，不知哪天就会晋升到你的头上。如果你平时尊重他，自然就会赢得他对你的尊重。心理学研究表明，人都有友爱和受尊重的欲望，而且这些欲望非常强烈。人们渴望自立，成为家庭和社会中真正的一员，平等地同他人进行沟通。如果你能以平等的姿态与你周围的人沟通，对方会觉得受到尊重，而对你产生好感。相反，如果你自觉高人一等，居高临下，盛气凌人地与人沟通，对方会感到自尊受到伤害而拒绝与你交往。更为严重的，还会成为你成功路上的绊脚石。中山国君为什么会失国，其根本原因就是他没有照顾到一个小人物的自尊，从而引来破国之祸。

战国时代有个名叫中山的小国。有一次，中山国君设宴款待国内名士。当时，正巧羊肉羹不够了，无法让在场的人全都喝到。有一个叫司马子期的人没有喝到羊肉羹，便怀恨在心，到楚国劝楚王攻打中山国。楚国是个强国，攻打中山国易如反掌。中山被攻破，国王逃到国外。

他逃走时，发现有两个人手拿戈跟随他，便问："你们来干什么?"两个人回答："从前，有一个人曾因获得您赐予的一壶食物而免于饿死，我们是他的儿子。父亲临死前嘱咐，中山有任何事变，我们必须竭尽全力，甚至不惜以死报效国王。"

中山国君听后，感叹地说："怨不期深浅，其于伤心。吾以一杯羊肉羹而失国矣。"这就说明，给予不在数量多少，而在于别人是否需要；施怨不在深浅，而在是否伤了别人的心。

中山国君因为一杯羊肉羹而亡国，却由于一壶食物而得到两位勇士。这段话道出人际关系的微妙。所以，中国民间有句话：宁落一群人，不落一个人。意思是，在一群人在场的情况下，分东西给他们，宁可谁也别给，也不要落下一个。由此可见，人们在意的不是东西本身，而是自尊心。

其实，一个人如果失去了少许金钱，还不至于大怒。而一旦自尊心受到损害，却非轻易就可弥补的。有时候，本来并无存心伤人之意，却会因为一句无意的话伤害别人。所谓“言者无心，听者有意”，甚至可能为自己树立一个敌人。中山国王因一杯羊肉羹而失国的故事，对我们是一个深刻的教训。

当我们做事的时候，应尽量考虑别人的感受。要知道，我们没有权力贬仰任何一个人的自尊。

攻略三：不要树敌，哪怕是不起眼的小人物也不要得罪

是谁决定着你职场上的成败与前途？有人说是上司、老板，有人说是自己的努力。是的，上司的器重与老板的赏识以及自身的勤奋努力是成功不可或缺的因素。可在所有职场人士把注意力都投入到如何讨上司欢心和如何发掘自身潜力的时候，很少有人把目光投向那些职位与自己相当甚至比自己低下的同事身上。其实，正是这些看似不起眼的小人物，才在你的职业生涯中扮演着重要角色。

官渡之战，曹操正处劣势时，听说袁绍的谋士许攸来访，他竟然顾不得穿上衣服，打着赤脚慌忙出来迎接，对许攸非常尊重。许攸甚感其诚，遂为曹操出谋划策，帮了他的大忙。

然而，曹操也吃过忽略“小人物”的亏。当他志得意满、一帆风顺时，西川的张松前来献地图，他却态度傲慢，以至于给张松留下“轻贤慢士”的坏印象。于是，张松改变了主意，把本来要献给曹操的西川地图转而献给刘备。这对曹操来说，不能不算是事业上的一大损失。可以想象，如果曹操对张松像当年对待许攸那样尊重，西蜀的地盘说不定就成了曹操的天下了。

俗话说：“人不可貌相，海水不可斗量。”在偌大的社交圈子中，我们往往会接触到一些语不出众、貌不惊人的人。不要瞧不起这些人，你身边不起眼的人，将来也许会成为你的朋友，甚至会在关键时刻帮你一把，最终决定你的命运。其实，真正的社交需四面出击，结交三教九流。只有如此，你的社交圈子才有深度和广度。能够获得各种不同类型的社交对象青睐的人，才能达到人际关系的理想境界。相反，许多人由于忽视“小人物”，其社交圈子不免存在着严重的缺陷，甚至有时会使他们自己大江大海蹚过了，最后却在小河沟里翻了船。

从前，有一位年轻的将军。用兵布阵非常专精，可以说是一位常胜将军。但这位将军在上司面前总是笑脸迎人，但对待手下却显得特别傲慢，这使得很多人对他心存不满。

有一次，这位年轻的将军又打了胜仗。他下令要犒赏三军，这个命令让所有士兵都受宠若惊。到了晚上，当所有将领都吃着佳肴、喝着美酒时，士兵们也得到一份小小的酒菜。于是，整个军营呈现在一片欢乐之中。

可就在所有士兵有吃有喝的时候，有一个人却只能站在马房门前听着人们的欢笑声，看着美酒佳肴只能吞咽口水。原来，将军觉得打仗靠的是将领和士兵，而马夫根本没什么作用。所以，在犒赏三军的时候，尽管赏赐有多有少，但毕竟都得到了赏赐，唯独马夫没有得到任何赏赐。

马夫坐在那里越想越生气，暗想道："你觉得我没有用，我怎么没有用呢？你的战马靠我给你供养，你的战车靠我给你驾驭，这些难道不重要吗？其实，只要我轻轻一拍，别说是你常胜将军了，就是所有的人都有可能死于敌军之手。好啊，既然你瞧不起我，那我还有什么理由对你忠诚呢？"想到这里，马夫愤恨地看了一眼得意之中的将军，回去睡觉了。

第二天，将军下令打道回府。正在士兵们忙着拔营的时候，敌人突然从后面反扑过来。眼看着敌人马上就到眼前了，将军赶快跳上战马准备指挥士兵作战。这时候，马夫觉得自己报复的时机来了，在将军还没有在战车上站稳的时候，就赶着马车向敌军冲去。

将军大惊失色地喊道："快停下来，再往前去我们就没命了！"

马夫笑着答道："我就是要让你明白我有没有作用，要你知道掌握你作战胜负甚至你生命的不全是士兵。"

将军这时才明白，自己因为得罪了不起眼的马夫，而导致了今天的灾患。这时候，战车已经和敌军很接近了。马夫看见旁边有条河，就使劲一拍战马，自己纵身跳进了河里。战马由于受到惊吓，拼命地往前奔跑，一直闯入敌军之中。就这样，这位常胜将军死在敌人的乱刃之下。

身边的"小人物"是万万不可得罪的。有时候，"小人物"会在一起，足以推翻任何一个"大人物"。正所谓："人情冷暖、世态炎凉。"趁着自己有能力时，多结交些"小人物"，这样才是剑走偏锋的"找船之法"。一个人可以有多种投资，为事业，可以投资办企业；为投机，则可以买股票；对人情，不仅要跟"大人物"打交道，适时地也应与"小人物"搞好关系。

总之，重视这些“小人物”的存在，重视他们可能发挥的决定事情成败或积极或消极的作用，将使你的职场升迁更加顺畅，也可避免在小河沟里翻船。

不要轻视那些平日不起眼的所谓的“小人物”，他们的潜能会让你大吃一惊，甚至影响你事业的成败，决定事情的输赢。

攻略四：宽恕是文明的责罚

宽恕是人类的一种美德。宽恕本身，除了减轻对方的痛苦之外，事实上，也是在升华自己。这是因为，当我们宽恕别人的时候，我们反而能得到真正的快乐。犯错是常见的平凡，宽恕却是一种超凡。假如我们看别人不顺眼，对别人的行为不满意，痛苦的不是别人，而是自己。

宽恕是一种能力，一种控制伤害继续扩大的能力。宽恕不只是慈悲，也是修养。

曾经有一个身材高大魁梧的人，他的脸特别黑，明显是被太阳晒的，而且在他的脸上还遗留着战场上的痕迹，他迈着坚实稳定的步子走在库法市场上。有一个商人看到他走过自己的商店，想显示一下自己的搞笑本领，逗他的伙伴们开心，就把一堆垃圾扔向那个过路人。但是，这个过路人并没有因此而发怒，更没有朝这边看一眼，继续迈着稳健的步伐朝前走去。当他走远以后，旁边的人对商人说："你知道你刚才侮辱的那个人是谁吗?"

"每天有成千上万的人从这里经过，我哪有心思认识他呢? 他也只不过是路过这里的其中一员。难道你认识这人?"

他旁边的人对他说："你连这人都不认识，真奇怪。刚才走过去的这人就是著名的军队首领马力克·艾施图尔·纳哈尔。"

"是真的吗? 他是马力克·艾施图尔·纳哈尔? 就是那个不但敌人听到他的声音就四肢发抖，连狮子见到他都会胆战心惊的马力克吗?"

那个人说："对，正是他。"

此时，那个商人吃惊地说："哎呀，我真该死，我竟做了这样的傻事。等到他回去以后，肯定会下令严厉地惩罚我。我赶紧去追他，向他求饶，求他饶了我这一回。"

那个商人说完，就朝着马力克走去的方向追去。但是，事情并不像他想象的那样。马力克并没朝家中走去，而是拐进了清真寺。这个商人便跟着他进了清真寺。商人见他在礼拜，等他礼拜完之后，便走到他跟前低着头说道："对不起，我是刚才对你不礼貌的那个人。"

然而，马力克却对那个商人说："向真主发誓，原先我是不来清真寺的。但是，我看到你太无知太迷误，无缘无故地伤害过路人，正是为了你我才来这里的。我为你而痛心，所以我来清真寺，想要祈求真主让他引导你走正道，我并没有像你猜测的那样想严惩你。"

有能力责罚却不去责罚，反而给予平等的待遇，这样不但能够感化别人，为我所用，更能够树立自己的威望，得到更多人的尊敬和拥戴，从而将敌人转化为朋友，少了一个敌人，便少了一些障碍，最终还是于己有益处的。

《兵经百篇》说："战胜勇敢一定要用智谋，战胜智谋一定要用德行，战胜德行一定要修行更加宽容的德行。"衡量一位领导的成就大小，就看他能否修行宽容的德行。唯有宽恕别人，才能容忍别人；唯有容忍别人，才能领导别人；唯有具备领导别人能力的人，才能成就他的伟大事业，才能"为天地立心，为生民立命，为万世开太平"。"以怨恨回报怨恨，怨恨就没有尽头；以德行回报怨恨，怨恨就顿时消失。"这是处世的准则。

可是，在日常生活和工作中，有不少人往往为了非原则问题，小小皮毛问题争得不亦乐乎，谁也不甘拜下风，有时说着论着就较起真来，以至于非得决一雌雄才算罢休，严重的还要大打出手。

要知道，仇视、愤恨对我们没有任何益处，只能令敌人称快。"为你的仇敌而怒火中烧，烧伤的是你自己。"因此，耶稣在《圣经》里鼓励人们："爱你们的仇敌，善待恨你们的人。诅咒你的，要为他祝福；凌辱你的，要为他祷告。"如果你用报复的手段对待对手，你会招致一个什么样的后果呢？它将使你的对手更坚定地站在你的对立面，阻挠、破坏你的行动，破坏你创造的一切成果；而你也会因为心中充斥报复的愤怒无暇他顾，你的理想和目标就不会那么轻易地实现。

所以，不为别的，只为了实现你的理想和抱负，学会宽恕那些曾经伤害过你的人吧！当别人损害你的利益，你也应以一颗宽容的心对待他。这样一来，你的心灵也会得到平静，说不定你还会收到意外之喜。

杰由于好友鲁在自己的公司电脑上做了手脚，使他损失了几十万美元，心中一直愤愤不平。尽管杰委托律师将鲁送进了牢房，但他还觉得不够。出狱后，鲁觉得对不起杰，几次打电话向杰道歉。

杰一听是鲁的声音，不容分说，立刻将电话挂断。杰的妻子知道后，数次劝他应该宽宏大量，说鲁是电脑专家，对他的生意很有帮助。杰经过深思，觉得妻子说得有道理。可是，每次拿起电话来，他心中就想起那几十万美元，又想起鲁曾像只老鼠似的偷盗过那些钱，使他的生意差点垮掉，于是又放下电话，长叹一口气。

一个多月过去了，杰总是处于这种矛盾中。一会儿觉得应该原谅鲁，毕竟他是个电脑专家，曾经帮助过自己。一会儿又想，难道要原谅伤害过自己的人吗？不，不行。直到一位心理医生告诉他："你形成了一种心理障碍，这种障碍不仅会妨碍你与鲁的关系，也会妨碍你与他人的交往，你必须积极地清除它。"

杰终于鼓起勇气，给鲁打了一个电话，告诉鲁明天可以到办公室见他。第二天，他们谈得很顺利。杰还决定再次聘请鲁到公司工作，他对鲁说："我相信你不会再辜负我。"后来，鲁对杰的公司尽心尽责，使公司的生意越来越红火，而他和杰的友谊也越来越牢固，两人成了真诚的知己。

宽恕是治愈伤害的良药。对于大多数人来说，宽恕他人要作很大的努力，因为在我们的认知里，每个人都应该为自己所犯的错误付出应有的代价，这样才符合公平正义的原则。但是，当错误已经产生时，仇恨和愤怒除了让错误造成更大的伤害，对错误本身没有任何益处。你要承担因为报复所产生的风险，而这风险往往是难以预料的。而且不愉快的记忆，使我们不能从被伤害的阴影中走出来，痛苦总是如影随形，我们也就不能得到生活中应有的快乐和平静。所以，宽恕伤害过你的人吧！如果不能宽恕，那么，至少尽可能忘掉他人对自己的伤害。

那么，办公室里如何才能做到同事之间和睦相处，体现自己的度量呢？

1. 不固执己见

不固执己见，不是随大溜，不是人云亦云，而是根据客观实际，适时地调整自己的心态，尊重多数人的意见。一个有度量的人就是一个善于沟通，敢于自我否定，虚心听取别人意见的人。

有时明明你的意见是对的，可多数人并不理解。在这种情况下，唯一的办法就是等待。倘若你固执己见，就必定成为众矢之的。暂时保留自己的意见，与多数人站在一起，这是有度量和明智的表现。

2. 不为小事生气

何谓小事？无非是同事说话不注意，无意中伤害了你；或者是同事侵犯了你的些许小利，抑或是同事冒犯了你的尊严，没有给你“面子”，如此而已。而一个有事业心有责任感的人绝不会为一些琐碎的小事所折磨，也不会让那些不值得耿耿于怀的小事充塞大脑。豁达的人，是能够容忍别人的人，是善于与不同性格、不同喜好的人打交道的人，也是兼收并蓄、博采众长的人。其实，仔细想想，生气对别人不会有太大的伤害，而你本身则会因为气大而伤身，影响睡眠，以致影响工作效率。总之，因小事而生气是最愚蠢的行为。

3. 消除报复心理

同事间相处，小摩擦、小冲突是常有的事。如果为一些小怨小结而记仇，甚至总想着报复别人，就会使自己孤立起来，成为同事间惹不起的人和不受欢迎的人。不往心里去，坦然地对待同事的意见和批评，择其善者而改之，这是一个有度量的员工应有的风度。

4. 要禁得起误会和委屈

误会和委屈别人，都是在不明真相的情况下的一种强加于人的做法。从某种意义上说，误会和委屈是一个人道德涵养的“磨刀石”。

在实际工作中，常会碰到这种情况，明明对的是你，可同事们恰恰认为你错了；明明你为某项工作付出了辛勤劳动，而受到表扬和赞赏的却是别人；明明应该提拔重用你，而春风得意的可能是你认为政绩平平的人；一个惯于吹牛拍马的人加薪不断，好事连连，而你勤奋工作，却始终与加薪无缘。诸如此类不尽如人意的事，谁都会碰到。对此，一定要放宽胸怀。一般来说，误会和委屈只是暂时的，豁达的人所得到的一定比那些心胸狭窄的人多得多。

5. 要有自知之明

勇敢地正视自己，分析自己，承认自己的缺点与不足，是一种度量、一种修养。缺乏自知之明的人，容易刚愎自用，也容易苛求别人，甚至看别人到处不顺眼。因此，我们要有意识地增强自我认知的能力，经常反思自己的不足之处，向周围的同事征询对自己的意见，始终保持清醒的头脑。这样做，既有助于认识自我，也有利于知人之明。如果一个人既有自知之明，又能够知人之明，那么，他对人对己就比较容易做到实事求是，就不会斤斤计较，也就容易宽容别人，谅解别人。

6. 原谅同事的过错

“人非圣贤，孰能无过?”如果同事盲目地顶撞了你，误解了你，或错误地批评了你，那么，对其内疚的心情是应该充分理解的。只要同事做出某种道歉或自我批评的表示，就应适时地表示对同事的原谅，这才是有度量的表现。

通常同事的道歉和自我批评可能是三言两语的自责，也可能是一句平平常常的反思。此时，千万不要得理不饶人，以为别人只有痛心疾首地向你鞠躬认错，才是真诚的。维护自尊是人的天性，从很大程度上说，能向你认错，就表明他在很真诚地向你道歉。对此，你不应太过认真。

总之，办公室里的矛盾都是由利益的冲突而引起的。当我们和别人发生利益冲突的时候，如果多为对方想一想，互相之间都退一步。当我们以德相让、互相礼让的时候，那些可能发生的冲突就会烟消云散，大家也就很乐意跟你合作，事业发展的机会也就更多了。所以，让我们用一颗宽容的心对待我们生命里出现的每一个人。就算他伤你至深，也请你学会宽恕。因为宽恕是文明的责罚，宽恕会让心灵充满阳光。

一个人的心量有多大，事业就有多大。一个人的心能容多少，成就就有多少。人生在世，都有犯错的时候。当你身边的人出现错误时，或是损害到你的利益时，发再大的脾气也无济于事，只会使你们关系恶化。如若以宽容之心对待犯错的人，往往对其心灵会造成莫大的震撼，而你也会少一个敌人多一个朋友。

攻略五：凡事藏在心里，不要挂在脸上

凡事都藏在心里，喜怒不形于色，变成一个无缝的“蛋”，是为了免受苍蝇的叮咬。此种人并非卑躬屈膝，装出笑脸；更不是为了奉承上司，强露笑齿，而是始终保持自然的神态，喜怒不形于色。没有一定的知识和阅历的人，尤其是刚刚进入社会，还不成熟的人，是很难做到这一点的。

作为职场人士，把喜怒哀乐由情绪中抽离，你便可以理性、冷静地看待它，思索它对你的意义，进而训练自己对喜怒哀乐的控制，做到该喜则喜、不该喜则绝不喜的地步。

喜怒形于色，不仅不利于人，更不利于己。不管你心里有多大的波涛起伏，你都不要表现出来，都要藏在心里。这样做的原因有二：其一，你心里的事是你自己的，让别人来一同承受是不公平的；其二，你都表现出来，人家会觉得你这个人太浅薄，什么事都藏不住。

自古以来，凡是能成大事者，很少有因外界的事物而亦喜亦忧的。当然，人有时会高兴，有时候不免忧愁，但千万不要被情绪左右。有高兴的事，表现在脸上无妨，但悲哀的事就不要表现出来。将一切都表现在表面上，更会促使情绪强烈化，而不能忍受悲哀。如把忿恨表现在脸上，恨也会加倍。因此，成功者大多是那些喜怒不形于色的人。

赤壁之战后，孙权与刘备结成联盟，共同抵抗曹操南下。公元 219 年，东吴趁关羽进攻樊城，与曹操交兵之际，派吕蒙偷袭荆州，并设计杀死关羽。紧接着，蜀汉君主刘备于公元 221 年 6 月，亲自率领大军东征，留下诸葛亮在成都辅佐太子刘禅坚守大本营，派遣大将赵云在江州做后军都督。

孙权临危授命陆逊为三军大都督，西上拒敌。陆逊深深明白，从兵力上看，吴军处于劣势。于是，他采用了坚守不出、拖垮敌军的战术。他下令各

处关防牢守隘口，不得出兵迎战。

然而，刘备因报仇心切，见陆逊一路后退，于是大喜，趁着锐气，一路猛追。这时候，部将黄权劝阻说："东吴人曾经火烧赤壁，又偷袭荆州，可见陆逊等人绝非等闲之辈，不可小觑，我们顺水而下，易进难退，还是让我当先锋，陛下在后接应比较稳妥。"

但是，刘备这时满脑子都是复仇，并不能听进去任何良言相劝，于是拒不接纳黄权的战略，反而让他领一部分兵驻军江北，防守侧翼，自己带大军一直追下去。刘备身经百战，自然知道陆逊的战略。不过，他也有自己的想法。他派兵包围了孙权的侄儿孙桓，引诱陆逊来救。可是，陆逊不为所动，只管坚守不出。

两强相遇，刘备终于沉不住气了。他先是派兵直接进攻陆逊的部队，可陆逊凭借山高路险，顽强据守。后来，刘备又每天派人在阵前叫骂，把东吴的祖宗十八代都骂遍了。陆逊还是置若罔闻，理也不理。

刘备见陆逊脸皮足够厚，心生一计，令吴班率几千老弱病卒在吴军阵前排好阵式叫战。到中午的时候，蜀军士卒脱掉衣服，乱七八糟地散坐着，口中还骂个不停。吴军将士气得发疯，恨不得跳出营垒，冲出去杀个痛快。只有统帅陆逊依旧沉着，笑着说："这是刘备的诱敌之计，眼前的这些兵，看上去根本就不能战斗，所以都是诱饵，山谷里一定埋伏着精兵。我们在这里慢慢耗着，看谁先忍不住。我估计，过不了几天，那伏兵就会自己走出来。"

就这样，双方相持了半年有余，从冬天熬到夏天。天气一天比一天热起来，蜀军战士叫苦不迭。刘备这个时候就犯了忍不住的重大失误，下令扎营山谷密林之中，傍依溪流森林，好让将士们解暑，准备等到秋凉之后再大举进攻。

一直默默等待时机的陆逊，抓住了刘备这个重大失误，一把大火直烧得蜀军将士晕头转向，自相践踏，在火中狂奔乱窜。吴军在混乱中乘势乱砍狂斩，杀得蜀军尸横遍野。一场大战，蜀军几乎全数被歼。全部的战船、马匹、辎重、甲胄都为吴军所获。刘备孤卧于白帝城中，听着东逝的江流声，心中感慨无限，长叹一声："不意今日为这黄口孺子陆逊欺负到这般地步！"

喜怒哀乐不发，是成功人士的大智慧。职场中的大忌，就是为一时的情绪所控制，不由自主地去得罪人。任何职场高手都是不露声色，深不见底的。原因很简单，在职场上，得罪人是有成本的。你自以为不用怕别人，可以随便得罪。但在这个过程里，却已经支付了成本。

职场是一个利益交换的地方，你的同事也好、上司也罢，与你都非亲非故，他们没有任何理由忍耐。当你得罪了他们，就算今天不还报，等到有一天你犯在他们的手中，必然会狠狠地报复你。要知道，在风水轮流转的世界中，没有人能做到一辈子都不犯在别人手里。

处理心事要慎重，是因为心事会泄露一个人的脆弱面，这脆弱面会让人改变对你的印象。虽然有的人欣赏你“人性”的一面，但有的人却会因此而下意识地看不起你。最糟糕的是脆弱面被别人掌握住，会形成他日争斗时别人对待你的致命伤。这一点不一定会发生，但你必须预防。

攻略六：学会人际沟通术，有朋自远方来

没有沟通，世界将成为一片荒凉的沙漠。当我们穿梭在茫茫的人海里，置身于市场经济的大潮中，每天都不可避免地要与他人交往。交往能给人带来幸福和欢乐。我们一生中所有的作为，在很大程度上都取决于我们与人沟通的能力。据调查，一个人成功的因素中，85%来自社交和处世。

生活在一个人来人往的世界中，有一个丰富多彩的人际关系是每一个正常人的需要。可是，很多人的这个需要并没有得到满足。于是，他们开始慨叹世界缺少真情，缺少帮助，缺少爱……其实，很多人之所以与他人缺少交往，仅仅是因为他们缺乏与人沟通或没有掌握沟通的艺术。这就使我们有必要了解一下沟通的特点：

1. 随时性

我们所做的每一件事情都是沟通。一项工作指令是沟通，一个规章制度也是沟通。任何管理者想要做任何一件事，如了解一些简单的情况，均是沟通。

2. 双向性

我们既要收集信息，又要给予信息。我们强调的是双方共同的交流，而不是单向的交流。在企业中，不是单纯的上司对下级或下级对上司，而是相互的。上司对下级有要求，要让下级知道、理解并执行。上司通过这一下达指令的过程，对员工行为进行引导和控制。同时，员工对指令的执行情况也要通过一定的反馈途径向上司汇报，上司对汇报情况做出反应，从而实现对组织行为的控制。

3. 情绪性

信息的收集会受到传递信息的方式的影响。沟通时，要注意情绪控制，

过度兴奋和过度悲伤的情绪都会影响信息的传递与接受。尽可能在平静的情绪状态下与对方沟通，才能保证良好的沟通效果。

4. 互赖性

沟通的结果是由双方决定的。沟通双方彼此需要对方配合，他们拥有相互补充的信息。离开其中的一方，另一方也不能达到沟通的效果。沟通越深入，两者之间的依赖性就越强。

了解了沟通的特点之后，我们可以在沟通的过程中讲究一些沟通技巧，从而建立良好的人际关系。而沟通的技巧有很多，下面我们对一些常用技巧做一些介绍。

1. 了解沟通环境和对象

沟通前，先了解所要沟通的环境及沟通对象，然后再进行“量体裁衣”，是沟通所必须的。

2. 把握沟通的主动性

你想与别人进行沟通，却希望别人主动，这是没有理由的。再说了，别人凭什么无缘无故地对我们产生兴趣呢？所以，你想与别人沟通，就必须主动与别人沟通交往。主动沟通者更容易与别人建立并维护广泛的人际关系，更可能在人际交往中获得成功。

3. 善于询问与倾听

询问与倾听的行为，是用来控制自己，让自己不要为了维护权利而侵犯别人。尤其是在对方行为退缩、默不作声或欲言又止的时候，用询问方式引出对方真正的想法，了解对方的立场及需求、愿望、意见和感受，并且运用积极倾听的方式来诱导对方发表意见，进而对自己产生好感，从而达到双方都想要的结果。

4. 体谅他人的行为

许多人在与别人沟通时，容易站在自己的立场上，希望别人能够理解自己，却忽略了别人内心的想法。他们经常觉得自己是正确的，别人应该听自己的，或者爱用自己的标准去要求别人，结果却给别人造成“以自我为中心”“盛气凌人”等不好的印象。所以，我们在与别人沟通时，要学会站在别人的立场上去想问题，在考虑自己利益的同时，也要考虑别人的利益。

5. 交谈时语言要简洁

古人说：“言不在多，达意则灵。”但在简洁的基础上，还应该形象生动、幽默而含蓄。交谈中，不要说尽道破，应该留有余地，用生动的比喻、轻松幽默的语言来化解人际交往时的局促、尴尬气氛。另外，还要注意委婉，也就是我们常说的“避讳”。在日常交际中，总会有一些使人们不便、不忍，或者语境不允许直说的东西。这时，说话人要故意说些与本意相关或相似的事物，来烘托本来要直说的意思，它能使本来也许是困难的交往变得顺利起来，让听者在比较舒坦的氛围中接受信息。

6. 改掉不良的身体语言习惯

许多人在与别人谈话时，常有掏耳朵、挖鼻孔、梳理头发等小动作。这些不良的身体语言会给人留下不好的印象，同时，这些无意义的身体语言还会分散对方的注意力，以致影响沟通的效果。所以，在与人沟通时，我们要消除无助于沟通，反而使沟通效率下降的不良身体语言习惯。

总之，一个人要想建立良好的人际关系，就必须运用有效的沟通技巧，掌握沟通的特点，并随时有效地与人接触沟通，在实践中不断提高沟通技巧，扩大自己的知识面，提高专业知识水平。只有这样，我们才能在与人交往时有清晰的思路、得体的语言及行为，从而在人际交往中游刃有余。

沟通，让人与人靠得更近。人生在世，沟通是必不可少的。懂得人际沟通术，可让我们在人际交往中游刃有余。

攻略七："冷庙烧香"，有备无患

人在得意的时候，往往把一切看得很平常。即使你整天围着他转，也不会被特别看重，甚至还会因为你的趋炎附势而看不起你。只有当他转入逆境，以前的好友反目不相识的时候，他的繁华梦醒了，才会特别看重友谊。这时候，你的礼物再少也是宝贵的，你的一炷香可以胜过别人倾其所有的贡献。

有一个人，曾担任某公司总经理，每年年底的礼物、贺卡就像雪片一般飞来。可是，自当他退职离休之后，所收的礼物只有一两件，贺卡是一张也没有收到。以往访客往来不绝，而这时却寥寥无几。正在他心情寂寞的时候，以前的一位下属带着礼物来看他。他在任职期间，并不看重这位职员。可是，来拜访的竟是这个人，使他感动得热泪盈眶。过了两三年，他又被原来公司聘为顾问，当然很自然地就重用和提拔了这位职员，因为他能在没有利益关系的情况下登门拜访。

人们常常讥讽那些平时不肯与人交好，遇事又去求人的人，说这是"平时不烧香，临时抱佛脚"。

的确，热庙因为烧香的人太多，你烧的香再多也不过是众香客之一，显不出你的诚意，神对你也不会有特别的好感。所以，一旦有事求他，他对你只以芸芸众生相待，不会特别关照。而且因为你平常心中就没有神，有事才来恳求，神怎肯当你的工具呢？但冷庙的神就不一样了，平时冷庙门庭冷落、少有香火，你在这时候很虔诚地去拜神，神对你会特别在意。同样烧一炷香，冷庙的神却认为这是天大的人情，自然对你特别照应。如果有一天风水转变，冷庙成了热庙，神对你还是会特别看待，不会把你当成趋炎附势之辈。

庙有冷热之分，人又何尝不是？你的朋友当中，有没有怀才不遇的人？如果有，这个朋友很可能就是你应该烧香的冷庙。你应该与热庙一样看待，时常去烧烧香，逢有佳节，送些礼物。日后，他否极泰来，即使你不去要求，他也会主动帮你，甚至会“涌泉相报”。

人的发达要靠机遇。俗话说：“三十年河东，三十年河西。”谁也不能总是走麦城，那些有能力的人终究会有发达的一天。人在落魄时最容易交往，有时只须几句好话，一点薄礼，就足以使对方感激莫名，永远地记住你了。所以，我们结交贵人不只要有谋略，还要有长远的眼光，看准“潜力股”。

不过，话说回来，在别人走麦城的时候，对他表示关心是应该的，不要考虑他是不是一个潜力股。如果你把对他的关心当作投资，当他日后回报的时候，岂不问心有愧？冷庙烧香之所以感人，就是因为是一片真情，而不是功利之心。功利是客观上自然会有的，不用你算计，你只管付出真情就是了。

英雄落难，壮士潦倒，都是常见的事。只要一有机会，风云突变，仍会一飞冲天、一鸣惊人。所以，我们要想在关键时刻得到贵人相助，自应在平时“烧香”，而这种“烧香”完全出于敬意，不是为达到某种目的，更不是交易。

攻略八：办公室里的“聪明”傻子

《孙子兵法》说：“兵者，诡道也。”孙子一语道破，道出了军事斗争的一个基本特征是诡诈。谋略包含有“诡道”，但“诡道”不是谋略的全部。所谓“诡道”，最符合其本意的解释是：“诡道者，不守常也。”非常规、非常法、非逻辑、非传统。于是，无规则便是谋略的规则，无常法便是谋略之法。让对手摸不清自己的底牌，而自己却能把握对手的决策底牌。

都说“商场如战场”，其实，不管是身在商场还是身在职场中，只有巧妙地隐藏自己的实力，才能获得更多的机会，达到自己追求的目标。所谓“兵不厌诈”，就是告诉我们，在人际交往中，适当地要要“心计”，达到保护自己，获得成功并无不可。

在职场上，有一个现象，那就是有个别人显得非常傻。他们通常不声不响，别人高谈阔论时，他们并不发表任何意见，显得很木讷。但当一个重要的工作令人们束手无策时，这些人不声不响地就完成了。而且他们还不会抢功劳，甚至会把功劳让出来。你说他们傻吗？不，他们不傻，他们反而是职场中最聪明的那一类人。

因为他们知道，何时该表现，何时该内敛。他们明白“出头椽子先烂”“枪打出头鸟”，如果表现得太聪明，吃亏的总是自己。

其实，每个人对于成功都有自己的欲望，促成某事的欲望被称为“成功动机”。所以，在职场中，我们总能看到一些整天忙碌的人，他们在那些按时按点上下班人的眼中就是一些没头没脑的傻瓜。其实，并不是这样的。他们平凡，但是绝不平庸。他们所做的一切，为的不都是自己不再平庸吗？在这个世上，谁也不甘平庸，总想干出点名堂来，才不枉在人世走一遭。社会需要那些受过良好的职业训练、勤奋敬业的员工和那些具有非凡才干、忠诚守信的管理者，而不是投机取巧、嘲弄抱怨的平庸劳动力。在竞争如此激烈的今天，过于平庸就意味着失业。埋头去做一个平凡的人，努力从平凡的小事做起。生命可以没有灿烂，但不能失去的是平凡。

在上司与同事的眼中，永远的忙碌可能是最有说服力的。你的忙碌也许是假的，却给所有的人危机感。时间长了，大家都会形成一种印象：你是个好职员。你在公司人眼中的重要性，将提供给你更多的加薪、晋升以及受尊重的机会，这是再怎么努力工作也永远比不上的。我们可以看出，一个人辛苦地做事，并不等于他一定会平庸。哪一个人愿意平庸？哪一个人不想被上司、领导重用？

如此来说，“傻瓜”并非甘于成功，他们只不过用的方法与别人不一样而已。等到时机成熟，他们便会脱颖而出。

可是，在现实生活中，这样的聪明“傻瓜”却不多，反而是那些自诩为聪明者的人较多，他们极欲表现自己的小聪明，唯恐别人说自己傻。

一位管技术的部门经理，在上任的第一个月内，就向公司中国区的 CEO 指出，他感到公司内部技术部门的管理通路不太顺，但是“请放心，让我来搞定”。半年内，经过多次和欧洲总部更大的老板之间不断争吵、沟通之后，他竟然真的搞定了。但这个战绩非但没为他赢得中国区 CEO 的表彰，反而带来不少副作用，比如猜忌和冷落。此后，CEO 经常对他使用这样的句式：“你那么能干，相信这件事情你也一定能……”“你那么聪明，这点小事对你来说是小菜一碟……”然后，把一堆苦活扔给他，并且拒绝提供任何资源协助。这样的事一件接着一件，技术经理才发觉自己犯了傻。

看看我们身边，像这位技术经理这样的人还有很多。他们读了几本书，就自以为才高八斗，学富五车，无人可比，现在的文学大家、科学巨匠全都不在话下。于是，就自觉或不自觉地傲慢自恃起来。

曾国藩告诫我们说：“若德才不可兼得，于其无德而近乎小人，吾宁无才而近乎愚人。”才是靠不住的，如果恃才傲物，就会泛滥横流。“人不可有傲气，但不可无傲骨。”这句妇孺皆知的话虽重在强调人要有“傲骨”，但“傲骨”不等于“傲气”，做人不应该有“傲气”。一个在别人面前时刻想显示自己拥有比别人优越的条件的人，不但不会得到别人的尊重与崇拜，反而容易引起别人的反感。

反观职场中那些怀才而甘于平庸的人，难道他们真的是甘于平庸吗？其实不然，平庸只是他们保护自身不受伤害的一件外衣而已。而他们本身的才华也已使他们不怕别人说他们“傻”。

所以说，事事聪明并不是一件好事。苏东坡曾经作过一首诗：“人人养子望聪明，我被聪明误一生。惟愿生子愚且鲁，无灾无难到公卿。”所以，只要人懂得装蠢，就不是真的愚蠢。要想受到别人的敬重，就不能凡事过于计较、过于精明。要学会掩藏聪明，要做出一副“良贾深藏若虚，君子盛德容貌若愚”的样子。

总之，在今天的职场中，一定要懂得做一个“聪明”的傻瓜，这样才会成为一个成功的人。否则，就算你再有才华，也很有可能平庸地过一辈子。

在现实生活中，自作聪明的人到处都是，但成功的人却没有几个。他们炫耀自己的才华和聪明，结果却只落了个颗粒无收的下场，可以说腹内学富五车，但口袋里却空空如也。这是否是上天给予世人的一种警告？

攻略九：同行是对手，而不是死敌

随着社会的发展，竞争对手不断强大，除了国内同行，甚至国外同行也会大批进入市场，存在着成千上万个经营着同类产品或服务的企业，而且都在为有限的市物份额进行激烈的竞争。从企业进入市场那一刻起，就注定要与同行进行竞争。谁的企业不去与同行竞争，谁就没法生存，这是客观事实。但在现代社会，对于“同行是冤家”这句话需要重新审视和考虑。在日趋激烈的商业竞争中，只有与行业同人交上朋友，进行合作，才能进一步增强其实力，获取其他情况下得不到的优势，从而保持自己拥有的市场份额。其实，在激烈的竞争中，你的那些所谓对手也面临同你一样的竞争压力和诸多考虑。因此，你不难找到很多机遇，同你的许多竞争对手成为朋友。

1. 同行多了路好走

聪明的商人，在面对市场激烈的竞争中，不会只看到竞争带给企业的压力，从而拒绝与竞争对手交往，他会在竞争的同时，尽最大努力与对手成为朋友，与他们在某些方面加强合作关系，以保证自己在市场竞争中的有利地位。中国商人不仅要看到“四海之内皆朋友”，还要看到“朋友多了路好走”，看到朋友的巨大作用。

第一，借助朋友的力量实现自己的目标。当今的中国社会在企业经营管理中，随时会遇到这样的情况：好不容易联系到一宗很大的业务，而客户却要求在某一期限内完成，而凭企业单方面的力量，是不可能在此期限内完成的。面对这种情况，企业最笨的做法是推掉这笔生意。这样做，企业不仅丢失了商业机遇，失去一笔不小的利润，还使企业自身形象受损，对企业以后的发展将产生不可估量的影响。此时此刻，最好的办法就是借助同行业朋友的力量来完成。从这样一种极简单的事实中，你肯定会清楚企业在与对手进行竞争的同时，还应该与对手进行必要的交往，而这种交往又是多么重要！当你帮助了别人的时候，总会有一天，别人也会给予你帮助，你的付出是不会浪费的。“与人方便，自己方便”，从中可以看到同行之间交友的重要意义。

第二，企业联手共同对付别的竞争对手。随着国际经济一体化的到来，在现代市场经济中，企业的竞争对手越来越多，已不仅仅包括本地区的，还包括地区之外的广大范围，甚至是全球性的。竞争主体多元化的局面，使得某一竞争者有可能与其他竞争者联合起来，形成统一“战线”，共同对付别的更大的竞争者，以保持自己有限的市场份额。在中国社会里，市场经济处于初期发展阶段，市场体制还远不够成熟。在这样的大背景下，存在着很多人为原因影响企业之间的公平竞争。因此，企业之间联合起来一起对付竞争对手就显得尤为重要。

第三，互通信息，抵制关联行业的欺压行为。一个行业中的各个企业，在激烈的竞争中，并不是相互不通信息。他们不断地加强彼此的信息交流，使得企业现有资源得以最大限度地利用。在中国当今社会，同样的行业联谊组织是很多的。它的作用不仅可使企业之间互通信息，还能够使企业迅速联合起来，对关联行业的企业所做出的不合理的价格调查行为做出反应，甚至联合起来，加以抵制。

所谓关联行业，是指与企业产品有关系的行业，或者是指直接影响企业业务量的上游企业，或者是指影响企业产品销售的下游企业。如果上游行业企业联合或者单独采取行动，降低产品的工价，会使得你的企业在整个产品生产环节中所获取的利润有所减少，导致企业的效益下降。同样的道理，下游企业同样可以用这种方式使你的企业效益下降。当企业遇到这种情况时，没有必要单方面行动，在企业自己行业内造成纷争，而应在同行企业之间形成某一种联合，团结起来，对此类事件做出强烈反应，甚至采取有力的手段加以抵制，保持企业的正当利益。

第四，借鉴同行的经营管理经验。同行业之间，由于有着类似的业务，好的有效的管理经验可借鉴的成分相当大。也许同行企业的成功之道，正是你的企业所必需的，可能会帮助你的企业走出困境。而且，同行之间相互借鉴还有一个很大的好处，那就是其生产原材料相近，很容易找出自己与别人的差距来，这是其他行业所不具备的。

2. 怎样与同行打交道

既然是同行，就要面对这样一个问题："同行是冤家。"因此，在你与同行交往时，必须注意以下几个问题：

第一，不要损害消费者的利益。消费者是企业的上帝，任何企业如果没有消费者的承担和支持，都只有面临消亡的命运。就算有的消费者因为消费需要，一时无力杜绝企业的不公平之举，还有消费者协会及国家有关保护消费者的法律法规，会保护消费者的切身利益。从中可以看到，企业之间的任何合作都不能以侵害消费者的利益为前提。

第二，与供应商要保持良好的关系。现代工业生产日益复杂，一个企业要想维持正常生产，不断壮大企业规模，必须依靠供应商提供原料、零部件、设备及能源等。不仅如此，供应商能否提供优质、价廉的商品、原料，还直接影响到企业产品或服务质量的优劣。另外，供应商还可以为企业提供一系列宝贵的信息，如市场信息、价格信息、消费趋势信息等。由此不难看到，企业要想提高经济效益，与供应商维持良好的关系是重要手段之一。因此，同行之间的合作，千万不可忽视与供应商的关系。

第三，维护好与经销商的关系。经销商在把产品从企业转给消费者的过程中，起着十分重要的作用。由于经销商肩负着产品销售的重任，因此，企业与经销商的关系，不仅有助于企业争取经销商的合作，还可以使经销商积极而又主动地宣传、维护企业的声誉。这一点是十分重要的。

中国商人在为发展企业经济而参与市场竞争，与对手作生死拼搏时，别忘了你的竞争对手也有能帮你的时候！请记住一句话：把同行当对手，而不当死敌。

小成功靠朋友，大成功靠对手。因为有对手，你就有了前进的动力。你会认清方向，不断进取，跟对手合作，等于强强联手，会无人能敌。因为对手的存在，你的人生才能升华到另一个阶段。

攻略十：小心突然升温的友情

“君子之交淡如水。”如果碰到突然升温的友情，只有冷静对待，保持距离，才不会有被其烫伤的可能。

之所以用“可能”，是为了对这种行为保持一份客观，避免以小人之心度君子之腹，误解对方的好意。人是有感情的动物，他有可能在一夜之间因为你的言行而对你产生无法抵制的好感，就像男人女人互相吸引那样。不过，这种情形不会太多，而你也要尽量避免这种联想，碰到突然升温的友情，只有冷静对待，保持距离，才不会被烫伤。

刘项在一家大型单位工作，主要工作是负责采购员工食堂所用的食品。安超是办公室主任，看不起刘项这种没有任何技术含量的工作。所以，平时遇到，也只是出于礼貌打个招呼而已。

可是有一天，安超把刘项“请”到办公室，询问在工作中遇到的困难，以及对企业的发展有没有意见。从那天以后，安超总是时不时地找刘项谈话。这给了刘项莫大的惊喜，想到领导对他工作的关心，刘项更加努力地工作。渐渐地，安超节假日约刘项出去玩，有事没事一起吃顿饭，而且每次的开销都是安超付款。于是，关系就这样渐渐地拉近了。

正在刘项因这份友谊而得意时，安超找到刘项，说自己在郊区开办了一家“食用油”加工厂，想让刘项在采购食用油时关照一下。刘项因吃人家的嘴短，只能答应。他想，反正是采购食用油，用哪家的还不是一样。可是，刘项却发现采购的“食用油”根本没有达到所需的合格标准，而且“食用油”加工厂是一家用生猪屠宰下脚料炼猪油的无证作坊。于是，刘项针对此事找安超谈过，安超却说：“你只要在每日的留样上动点手脚，做出饭菜后谁还会分得出是标准食油还是猪油，放心吧！其中的好处也有你一份。”在利益诱惑之下，刘项最终还是选择了继续用安超所办的加工厂所生产的“合格”食用油。最终，在一次员工食物中毒事件后，他被司法机关所查获。

你和某人只是普通朋友，虽然也一起吃过饭，但还谈不上交情。你和某个人曾是朋友，但很长一段时间没有联络，感情似乎已经淡了。如果这样的人突然对你热情起来，那么你应该有所警觉，因为这种行为表示他可能对你有所企图。要分析这种“友情”是否含有“企图”并不难。首先，我们要认清自己目前的状况，是否有被对方可利用的资源。如果有，那么对方很有可能会对你有企图。如果你既没权也没势，想想对方有没有可能“项庄舞剑，意在沛公”，想利用你来帮他做些事。如果两者都不存在，面对突然升温的友情，我们仍需抱有一定的怀疑态度。

1. 不推不迎

“不推”是不回绝对方的“好意”，就算你已经看出对方的企图，也不要立即回绝。否则，很可能立即得罪一个人。但也不可迫不及待似的迎上去，因为这会让你抽身不得，抽了身又会得罪对方，使自己变得很被动。不推不迎就好比男女谈恋爱，回应得太热烈，有时会让自己迷失；若突然斩断“情丝”，则会惹恼对方。

2. 冷眼以观

“冷眼”是指不动情，因为一动情就会失去判断的准确性。此时，不如冷静地观看他到底在玩什么把戏，并且做好防御，避免措手不及。一般来说，对方若对你有所图，都会在一段时间之后就“图穷匕现”，显现他的真目的，他不会跟你长时间耗下去的。

3. 礼尚往来

对这种友情，你要“投桃报李”：他请你吃饭，你送他礼物；他帮你忙，你也要有所回报。否则，他若真的对你有所图，你会“吃人嘴软，拿人手短”，被他牢牢地控制住，想要临事脱逃，恐怕就难了。

“害人之心不可有，防人之心不可无。”一定要注意突然升温的友情。因为其背后可能隐藏着一定的企图，而你一失足，就有可能成为其被利用的对象。

攻略十一：利益面前，谁的友情不会变味

职场中有友情吗？答案是：有。但是，这种友情必须是在双方利益不受影响下才会维持的。一旦友情与利益碰撞，大多数人都会选择利益而背弃友情。所以说，职场中，不会有永远的朋友，也不要奢望有永远的朋友。

我们要明确，职场中的人际关系，首先是利益关系，其次才是朋友关系。而且利益关系是职场人际交往的底线，朋友关系则是利益关系的黏合剂。职场中人都有一个共同的目的，那就是追求利益，大家的很多行为都是为了这个目的。这个目的可以使朋友变成敌人，也可以使敌人变成朋友。所以，职场中的人际冲突，根本症结是利益冲突。表面上看去，都是以情感冲突表现出来。实际上，那些情感反应都是因为利益受伤而导致的。毕竟，中国人比较含蓄，况且重利一向被人们所唾弃，那就只好以情感冲突做幌子。换言之，在职场中，只要把握住利益关系这条底线，人际交往就变得简单些，不至于被情感因素扰乱。

星星是一个非常单纯善良的女孩，对别人非常真诚，凡事喜欢让着别人，因为她觉得只要她这样对待别人，别人也会这样对待她。但事实并非像她想象的那么简单。在公司里，她的业绩非常好，与同事间的关系也不错。在一个叫李清的女孩还没有到来时，老板非常喜欢她，而且这个李清也是她在大学期间的同班同学。李清来了以后，两人非常高兴。于是，星星处处都帮着李清。李清有什么不懂的地方，星星都教她，哪怕是不吃饭也没关系。李清对她也很好，很快两个人就成了很要好的朋友。

但是，随着相处的时间越来越长，李清就觉得越来越不服气。星星长得没她漂亮，而且自己还在国外进修了两年，而星星只不过是大学毕业而已，凭什么同事们都很喜欢她，对自己却非常冷淡。于是，她开始经常在同事面

前说星星的坏话，而在星星面前却还是以前那个样子。同时，在老板面前，也不断说星星的坏话。同事小马忍不住说李清，李清还满不在乎地说："随便你啊，你去对星星说啊，看她相不相信啊。"

而事实也正如李清所说的那样，星星完全不相信小马所说的话，反而怀疑小马中伤她和李清之间的感情。虽然后来仍有同事告诉星星要防着李清，星星都替李清辩护，甚至还和同事们吵架，和好几个同事闹翻了。

渐渐地，星星也感觉有点不对劲，因为有的时候，月底的奖金本该是自己的，却被李清拿走了。尽管如此，星星还是觉得李清不可能是那样的人。后来，星星有一份报告需要给老板送去，刚好秘书不在，就在她准备敲门时，听到一个女声好像提到的是自己的名字。出于好奇，她本想敲门的手又收了回来。这时，她听到里面说："老板，这是我的报告资料，你先看一下，如果行的话，请你签一个字。"然后，听老板说："我不看了，你把你的报告大致地说一遍好了。"等到里面的那个女声述说完报告资料时，星星惊呆了，因为她发现，那份报告的内容和自己的差不多，而自己这份报告是昨天晚上才做完的，做完报告后还在电话里给李清说了一下大概内容。难道……等到李清高兴地从老板办公室走出来时，星星走上去问道："这是怎么一回事，你能给我一个解释吗？"

李清露出为难的表情，说道："星星，对不起。你也知道的，这份报告，老板同时交给我们两个做。你昨天晚上打电话过来说你做完了，还把报告的内容对我说了一遍。那个时候，我的报告已经写好了，也和你的差不多，我想改也已来不及了。"

虽然这件事就这样以一个解释而结束了，星星有什么事情还是会对李清说，但是关键之处，星星总是避开。后来，公司有空缺要升职。李清非常高兴，因为这次的考核也是一个企划，如果这次谁的企划做得好，谁就能升职。而星星那个傻丫头早就把自己的企划对她说了，她又加以修改，而且在分析企划的时候，自己在星星的前面，这次升职肯定有望了。但是，当星星分析自己企划的时候，李清却大吃了一惊，因为星星的企划不仅不是她对自己说的那样，而且要比原来的好很多。

等到会议结束时，李清气愤地质问星星："为什么？"

星星看了一眼气急败坏的李清，说道："你说为什么，难道你还以为我是以前那个单纯的让别人踩着我的肩膀向上爬的无知小女孩吗？你以为我还是那个傻傻地成为你成功垫脚石的白痴吗？这也是你教我的，你那次的报告内容和我一样，你以为我会相信你说的那个理由吗？我是很蠢，但还不到白痴的地步。我之所以还是对你那么好，是因为，我也想让你知道背叛的滋味。现在你尝到了，不好受吧！”后来，李清被老板莫名其妙地炒了鱿鱼。

俗话说：“名利乃身外之物。”但又有多少人会放弃名利呢？现今，似乎每个人都在不断地追求名利。名与利，人人想要。为了名，用尽手段；为了利，绞尽脑汁。有得必定有失，要得到，必定要付出代价。在执意追逐名利的过程中，往往也会失去许多珍宝，失去许多福分，失去许多平静。不管怎样，人们还是在追求。

所以，职场中没有真正的朋友，只有一时的利用。在现今这种不是你“走”就是我“被炒”的职场竞争中，可以和同事建立友好的关系，但永远不要奢望会有永远的朋友。这就是社会生存规则，也是人生的生存规则。

职场中人都有一个共同的目的，那就是追求利益，大家的很多行为都是为了这个目的，这个目的可以使朋友变成敌人，也可以使敌人变成朋友。总之，在职场中，只适合做同事，没有永远的朋友。

攻略十二：对人态度和蔼，平等对待每一个同事

办公室里的人际关系，主要是通过工作建立起来的，主要是指工作上的人际关系。你、我、他都是一种平等的工作关系。在职场上，同事之间更应该具备一种平等意识。彼此间的基本关系只不过是平等的工作关系、共事关系，从根本上就没有谁高谁低的道理。这种平等意识与能力大小、业绩好坏没关系。你的同事在工作上无论比你干得好多少还是差多少，作为人，他与你依然是平等的。事实上，连上下级都是平等的，更何况同事呢。所以，处理同事关系最基本的出发点就是平等地对待每一个人。

在现实中，也许会由于自身的能力和机遇问题，有的同事获得领导的青睐，而有的同事则是默默无闻。在与同事相处的时候，不要因为某些同事暂时的得势而阿谀奉承，也不要因为同事受到排挤而随之奚落。平等相待不仅仅是做人的一种标准，同样也为自己与同事友好相处设下铺垫。

我国著名的戏曲演艺家梅兰芳先生曾向齐白石学画，作为弟子，经常为齐白石磨墨铺纸，而他的画艺也受到齐白石的赏识。

后来，梅兰芳由于演技高超，名声如日中天。与此同时，曾为其师的齐白石却生活俭朴，衣着平常，经常不被人理睬。但是，梅兰芳并不以自己是戏曲界的名角而轻视齐白石。在公共场合，梅兰芳总是恭敬地同他交谈，常常使得在场的宾客惊讶不已。

为此，齐白石特地画了一幅《雪中送炭图》赠予梅兰芳，并题诗："记得前朝享太平，布衣尊贵动公卿。如今沦落长安市，幸有梅郎说姓名。"

梅兰芳与齐白石两位艺术大师的友谊一直维持终生，为后人所景仰。这里既没有市侩的势利，也没有"文人相轻"的陋习，堪称平等待人、平等相处的典范。在与同事交往中，我们也提倡平等交往，在交往中应自尊而不骄傲，尊重别人而不谄媚，受惠于人而不形成依赖。批评别人以真诚相待、忠言诱导，受人批评应虚心诚恳。即使对方有所偏颇，也不耿耿于怀，只要对

方是出于真诚目的，就不要再计较。同事交往，只有相互平等，才会有真正的彼此尊重。

如果你用有色眼镜去看待同事，对上司热诚谦恭，对资历老的前辈刻意讨好，却对新人颐指气使，那么你就会成为办公室里的众矢之的。

一位职员热情邀请自己的顶头上司到家里做客，庆祝乔迁之喜。她的几位同事和朋友也早就说过要去她家好好闹闹，于是，她顺便也叫上了几位同事。

入席，女主人把上司推上靠近空调的主座，然后对几位同事说了句："你们几个随便坐，我就不和你们客气了。"随后，便张罗着给上司倒酒，同事们不声不响地落座了。

女主人把酒菜摆满整个桌子，不停地向上司介绍菜名和特色。吃到一半，女主人又陆续把一盘盘热气腾腾的菜肴端上来。她把上司面前半空的菜盘堆码在同事面前，把热菜放在上司面前。

接着，女主人又起身向上司敬酒，说些感谢关心、谢谢培养之类的客气话。

几位同事根本就没有机会向主人表示自己的祝福，也没有机会和上司说话。似乎女主人眼里只有上司一个人，其他人都是不存在的。于是，同事一个个难忍心中的不满，宴席还没有结束，就纷纷以"我还有点事，先走了"为由陆续告辞了。

平等对待每一个人，是与同事相处的基本之道。在待人问题上，不可谄媚讨好地位尊崇者，也不可歧视冷落地位较为卑下者。只有这样，别人才能感受到你的诚挚和热情。

职场中的活动总是处在一个大的环境中，只有尊重每一个人，给自己营造一个良好的工作氛围，你才能充分发挥自己的潜能。与大家关系融洽，心情才会舒畅。这不但有利于自己获得好口碑，也有利于自己的身心健康。

所以，用友善的眼光注视别人，对每一个人投以微笑，用友好的方式来表达自己，别人也会以同样的方式来回报你。尊重每一个人，这不仅是一句口号，更重要的，还需要你切实地去贯彻执行。

在人际交往中，总要有一定的付出或投入，交往双方的需要和这种需要的满足程度必须是平等的，平等是建立人际关系的前提。人际交往作为人们之间的心理沟通，是主动的、相互的、有来有往的。人都有友爱和受人尊敬的需要，都希望得到别人的平等对待，人的这种需要就是平等的需要。

第六篇

办公室浪漫，上班族男女关系圣经

男女打情骂俏是办公室里不可缺少的调味剂。如果你和某男(某女)朝夕相处的时间比家人还长，日久生情的事会不会发生？爱情本该是纯享受的事，但如果你不巧陷入一场办公室恋情，甚至成为公司里的绯闻主角，上帝！这可怎么办？

圣经一：办公室恋情要三思

一两句笑话，三四次擦身，再加五六次的深夜共同加班，就这样搅动了格子间暧昧情怀的一池春水。办公室——一个提到爱情就过敏的地方，却最容易滋生爱的细胞。相逢必定有缘，忙碌白领们的爱情，在办公室狭小的空间里，滋养生长。毕竟，办公室恋情有“近水楼台”的方便，不是吗？

就像初恋总是萌芽于同学之间，一样的日久生情，一样的朝夕相处，同事之间的办公室爱情，不可避免。也许在进退维谷和左右为难中的爱情，才是真正的爱情。否则，我们很难解释，为什么有那么多聪明的男男女女，会义无反顾地投入到办公室恋情的危险旋涡之中。

为什么说办公室恋情是个危险的旋涡呢？因为办公室恋情容易受到人们的质疑。首先，在工作中所坚持的“公平、公正、客观”的态度和观点，很可能会在两人的私人关系中遭到人们的质疑。其次，如果两人的爱情最终以分手告终，不仅会影响企业的运作，往往也会影响个人的工作与事业前途。而且办公室里每天还要碰头，那多尴尬啊，毕竟两人曾经那么亲密无间。再次，也许每个人都会以为自己可以不受私情影响，绝对可以做到公私分明。不过，到了那个时候，恋情是否真的会影响工作、精神与办事能力，通常已经不重要了。重要的是，周围的同事与上司究竟如何看待这件事，因为人们总是把自己认定的主观标准当成事实。最后，很多办公室恋情即使有情人终成眷属，大多数情况下也总有其中一人不得不为爱情卷铺盖卷走人。跟同事或下属结婚的乐趣又在哪里呢？难道是贪图一起上下班省下的一份出租车钱吗？现在轮到你分不清这是在拍拖还是在上班，晚上回到家不光见到的是同一张脸，而且谈论的还是相同的话题。你会不会有一种永远都在上班的感觉？服务于不同部门八竿子打不着的还好些，若同在一个部门里，或许会变得连聊八卦的乐趣都没有了吧！

其实，对于办公室恋情，古人早有所劝说。“兔子不吃窝边草”就是告诫我们，眼前长着那么一片青青绿绿的草，是一件让人赏心悦目的事。可一旦有一天你把它吞进肚子里，咀嚼过程可能是满口生香，但咀嚼过后，你的眼前没有美景可赏了，同时也多了一双眼睛，让你失去本应拥有的自由，不可怕吗？再说了，距离产生美，办公室恋情一旦成功，两个人 24 小时面对面，难道不烦吗？好感需要距离来保持，天天抬头不见低头见，对方的缺点也越看越明白，如此便会加速好感的流失。

最为重要的是，办公室是一个充满竞争与利益的地方，它不像其他地方，在一个强调级层和地位的环境中，男女恋情绝对是危险的。人际关系专家曾经郑重地提出警告说：“办公室恋情比办公室政治更需要高明的技巧、冷静的头脑，否则无法洁身自好。”

当然，办公室恋情经久不衰，也自有它的道理。我们最容易喜欢什么样的人？如果从心理学的角度解释，就是那些被我们熟悉的、与我们相似或互补的、漂亮或有才能的人。芸芸众生中，同事最符合以上标准。你们为同一个目标奋斗，在同一个屋檐下打拼，与同一个领导周旋，和相同的敌人奋战。在彼此熟悉的人当中，我们总喜欢那些与我们相似或互补的人——互补实质上是一种高度的相似。谁会不喜欢与自己相似的人呢？喜欢与自己相似的人就等于在肯定和喜爱自己，更不用提相互之间会拥有的那份默契和坦白。再说了，在工作中有更多机会观察自己的心仪对象，能够最准确地了解压力之下他的第一反应：他是一个爱干净的人，还是一个易怒的人？是一个古板的学者，还是一个心胸狭窄的小人？这一切都因为工作便利而变得可以了如指掌。

所以，往往在恋情开始之前，你和他之间等于已经花了很多时间在一起了解了彼此：一切都很好，只要不搞出什么“办公室丑闻”就行！

或许正应了那句“男女搭配，干活不累”的俗话，原因在于男女天生就是一个互补的群体，他们可以在生活、工作、娱乐的时候取长补短地来搭配，一方面可以减压，另一方面与异性在一起的时候，总是希望展现出自己的长处，所以做事的时候也就更加卖命，力求把事情做得更加完美。但是，男女搭配干活不累的基础，实际上是男女一定要相互合作，比如为照顾对方之类。如果一个人努力工作，另一个在旁边远远观看是不够的。

总之，办公室恋情有很多显而易见的缺点，但面对枯燥的工作、恶毒的老板、刻薄的公司，还要每天疲于奔命地加班，没有其他地方去结识异性，这就给办公室恋情提供了爱情的养分。但是，办公室恋情一定要三思，因为它的副作用具有惊人的破坏力，很有可能会让你守望了许久的爱情，珍藏了很久的贞操，统统付之一炬。最为重要的是，还会让你在失去爱情的同时又失去事业。

办公室是一个令爱神眷顾的地方，这里有美丽的温床，提供给我们爱情的养分，但也会让我们在办公室恋情这个危险的旋涡中深受其伤。

圣经二：职场危险游戏——办公室走性爱的钢丝

现代社会，每个人都明白“办公室恋情”的滋味。尤其女人，即便没有真的明恋过，也一定暗自心动过。而最容易让我们心动的主角是男上司，因为女人的爱情，70%是崇拜，30%是心疼。而如若恰逢这个男上司长相不太差、脾气不太坏，对女员工又有那么一点若有若无的温柔，那无疑的——他一定会成为办公室女性的情路杀手！

但是，女人一定要记住：在办室里，无情也暧昧。男人女人只要长时间近距离接触，荷尔蒙总有会冲动的时候，日日同处一个屋檐下，即便是两个根本不可能动情的男女，也会随着相处时间的不断增加而带有几分若有若无的暧昧。或许是因为工作太枯燥，每天千篇一律的生活，让我们开始抓狂，所以想找点新奇的东西玩玩；或许是因为生活太无聊，缺乏激情诱惑的强心剂；也或许是因为感情世界太空白，遇到的都不是自己想要的。所以，办公室的暧昧游戏总是在不断地上演，渐渐地开始步上性爱的钢丝。

洁任职的前一家公司的上司脾气很坏，而且经常找她的麻烦。所以，在一次争吵之后，一气之下，洁扔下辞职书潇洒地走人，而后又找了一家公司面试。面试她的人正好是她的上司斌，准确地说，应该是她后来的“情人”。洁喜欢斌那总是带有一丝温柔的声音，以及从他身上所透露出来的那股儒雅味。而斌也总能在洁遇到困难时给予莫大的帮助。于是，两人渐渐地走近，最后在一次公司的聚餐晚会后，两人在洁的半推半就下发生了关系。

从那天起，洁就成了斌真正的地下“情人”。斌说，他有一个可爱的女儿，妻子对他也极好，他不想也不能伤害她们，他不想做个无情无义的男人。所以，两人的关系并没有向任何人提过。即使是最好的朋友，洁也守口如瓶。而洁也提升为助理，工资和提成也得到一定的提高。可是有一天，洁却发现斌的情人并不只她一个人，同事丽也是斌的情人。当她跑过去质问斌是怎么一回事时，斌还是用他那温柔的声音说道：“既然你已经知道了，那我就没什么好说的了，我们分手吧!”

洁怎么也没有想到，自己的痴心与付出换来的竟然是一句分手。洁是个好强的女子，所以，她选择辞职。与其说是辞职，倒不如说是她想找个地方给自己疗伤。可是，刚离开公司后不久，洁却发现自己已怀孕 4 个半月了。于是，她去医院做人流手术。可是，正规医院都需要男方的签字，而她再也不想与斌有任何牵连。所以，她找了一家私人医院做流产手术，在手术过程中，由于大出血而导致不孕不育。

女人和男人在长时间的合作中，工作和个人之间的界限就容易模糊。与有相同目标和爱好的同事亲密合作，会促进各种关系的发展。随着真正的喜爱和相互尊重的发展，工作关系会变得具有强烈的亲密感。于是，办公室里的危险游戏就开始上演。其中，单身女性最容易受到亲密工作关系的诱惑，掉进浪漫的“性”陷阱。在工作中，女人有可能与跟她兴趣相同的某个男人在一起。在浪漫和性成为重点之前，她当然也有更多的机会了解这个男人。但是，工作中的浪漫和性是个比较复杂的问题，一旦处理不当，就会给女性造成巨大的伤痛。

这时，有人就会说，办公室里并不是所有的性爱都是危险的游戏。其实不然，即便是不会遇到像斌这样的无情花心男，而与对方修成正果，你也很难避开办公室里的流言蜚语。通常，当工作关系中的男性所处的地位能够帮助女性的事业时，其他人就会抱怨说，一个女人利用与老板的关系获取不正当的好处。如果男性所处的位置与女性相同，人们也会对牵涉其中的女性产生一种庸俗的愤恨。特别是对单身女性，似乎不管她有多聪明能干，如何博得老板的欣赏，都要无法避免地承受一种压力。所以，聪明的女人应当学会避开办公室里的危险游戏，不走性爱的钢丝。

职场性关系的当事人中，有时不止道德和伦理那样简单。在办公室里走性爱的钢丝，不仅对于当事人是危险的，可能对于整个组织都是一种灾难。

圣经三：办公室配偶，下班之后说分手

办公室配偶，这是现代都市写字楼里新的一种男女关系。他们举止亲昵，甚至无话不谈。但是，他们并没有任何男女关系的牵扯不清，在同事友情和爱情的灰色地带滑行。不明就里的人看他们觉得暧昧，其实他们并不曾乱了分寸，听上去有点柏拉图式爱情的唯美、不可思议。然而，这样的办公室关系的确在我们身边精彩上演。

办公室配偶之所以在职场大行其道，也有其潜在的原因：

第一，在我们的工作生活中，往往会遇到来自各方的压力。有时候，靠同性之间的友情、夫妻之间的亲情是很难排解的，而异性朋友之间却往往能得到解决。

第二，在都市古板而紧张的办公室里，整天面对没完没了的工作，我们的心情会越来越单调，而同性的朋友同事看问题的角度、感观度又和自己比较接近，如果在办公室里有一位较为亲近的异性朋友，可能会使你工作时的心情愉悦起来。特别是在工作中遇到种种问题时，异性朋友会使你在解决问题时多了一个思考的角度，也会使你的工作效率有所提高。

其实，不仅在我们的办公室里，在我们日常生活中，不妨也交几位异性朋友，破除所谓“男女之间除了爱情就没有别的关系”的“至理名言”。生活中如果都是清一色的同性朋友，那么人生中就会缺少许多丰富的色彩，也少了许多美丽的景色。不是有这么一句话吗？“男人不接触女人就会变得迟钝，女人不接触男人就会变得愚蠢。”虽然这句话不完全对，但也道出了男女关系间的一种现象。

但需要注意的是，在男女交往中，一定要把握好彼此交往的分寸，掌握友情和爱情的界限。要知道，友情一旦往前走一步，就很有可能会演变成办

公室的爱情，冲破道德的底线，就可能危及双方家庭。所以，办公室里的异性朋友是可以为更多人所接受的，但不宜大肆提倡，也不必着意去寻找，一切都应该是自然的、随意的。而这种关系应该是透明的、坦荡的、问心无愧的，这样才可以持久，这样才有存在的意义。

办公室配偶，它与落伍的办公室恋情完全不同，他们之间缔结的是“无性婚姻”，一种柏拉图式的理想境界，双方没有任何男女关系的牵扯，有时甚至谈不上暧昧，它是一种比爱情还融洽的亲密友情。

圣经四：8 小时调情，办公室里的暧昧游戏

调情乃是人的天性，从老祖宗那里一脉相承而来。原始社会中，种族繁衍是首要问题。生物进化学家研究发现，那些善于调情的原始人往往会比其他人获得更多的性伴侣，从而有更多机会延续后代。

古人说，君子相交，要处之以礼。调情显然不属于“礼”的范畴。但调情文化在职场盛行，正是由于现代社会人际关系越来越物质化，而社会竞争的需要又迫使人们最大限度地去拓展人际关系。

对职场男女而言，调情或许没有任何实际目的，只是为了调节气氛舒缓情绪，或为拓展一下人脉关系，或许仅为了测试一下自己在异性中的受欢迎程度而已。就像有人说的那样，暧昧关系可以加强同事间的团结，对工作有帮助；也有人说，暧昧可以激发出一种愉悦的力量，让它变成工作的动力；也有人说，如果暧昧的对方是公司老板，那就是搭上了职业的顺风车；还有人说，家庭婚姻不顺，在工作中有个可以倾吐心事的对象，也不错。

是的，用柳下惠坐怀不乱的标准，去要求职场江湖中每天累死累活的拼命工作的一个个上班族显然过于苛刻。如此看来，调情只是他们用异性的温情躲避残酷竞争的桃花源而已。谁要是在这 8 小时调情中失去了分寸，演变成暧昧游戏，那可就不妙啦！

Cline 是公司里的创意总监，与同一办公室里的设计师 Jack 很投缘。广告公司通常都没有固定的下班时间，有时忙到深夜二三点是很平常的事。出于私心，Cline 总把 Jack 分配在自己所在的项目组。虽然带着这个设计人员干活让她有点累，但是她很愿意。爱情是一个巴掌拍不响的事，Jack 也在工作的相处中对这个相貌平平的女上司从恭敬、崇拜慢慢发展到喜欢，最后又加进去了那么一点点的依赖。虽然两个人总是很小心地调情，但是每当他们暗送

秋波时，总会被一双双有意无意的眼睛所察觉。老板也总是有意无意地给Cline暗示过几次，毕竟，公司有明文规定，.员工之间不能谈恋爱，更别说Cline是上司。最终，Jack离开了公司，他很清楚自己的工作能力，准备拿出两年的时间充电。他们在公司附近租了一间房，如果工作到很晚，Cline就住到那里。她本以为两个人终于可以无拘无束地在一起了。但是，两个月后，Jack提出了分手，原因很简单，办公室是培育他们感情的培养基，既然离开了，感情也没有了味道。

相同的环境、相似的问题，让双方沟通起来从不缺乏共鸣。有需求，就有供给，调情的趣味可以拯救工作的乏味。这也许就是办公室恋情野火烧不尽春风吹又生的原因。

但让人忧心的是，办公室暧昧的人群中多数是背着家庭或恋人的投入，这就造成了玩火的嫌疑，也有了亵渎感情的成分。人一辈子是无法真正做到只对一位异性产生感觉的，这种潜意识不会随着你身上贴着婚姻或者恋情的标签就停止。部分责任至上的人会时刻提醒自己，控制自己的感情方向，把注意力转移到家庭或恋情当中，避免进入感情的旋涡。但身处办公室的人群，因为一个眼神的交汇，因为一句轻柔的问候，甚至为那不知名而坚持不懈的一份搁置在你办公桌上的早餐，都可能冲击到内心最柔软的部分。至少8小时的办公室生活，让情愫暗生的契机可以更多。不需要距离产生美，不需要谈天长地久，心照不宣的办公室暧昧竟然让彼此很舒服，那种如恋人般的默契在公事合作上也是相得益彰。但是，无论办公室暧昧开始得如何投入，其带来的并非全然是幸福的感受，发生风流韵事的后果往往是在沸沸扬扬中一方离开公司另谋高就而告终。人感情的临界点有真空期甚至会有瓶颈期，投入办公室恋情的想法不一，程度也不同，不论怎样，需要的是心态，道德观始终是需要被尊重的。建立在超越家庭和恋情之上的暧昧，始终无法回避带给无辜者伤害的后果，多一些克制、多一些责任才能收获真正的幸福。

有人比喻办公室暧昧是一道风景，赋予人愉悦的力量；但更多的舆论斥责这种暧昧超越了道德的规范。也许，你是无心的温柔；也许，你是处心积虑。但不管怎样，感情中途抽身总是非常困难的。所以，身在职场中的你，可要小心被这暧昧关系“俘虏”了。

圣经五：当爱情遇见利益

爱情的定义是什么？词典上对爱情的定义是这样的：爱情，是指男女之间相互爱恋的感情。爱情的法律定义是这样的：爱情，是男女双方之间基于共同的生活理想，在各自内心形成的相互倾慕，并渴望对方成为自己终身伴侣的一种强烈的、纯真的、专一的感情。

看上面的定义，我们可以明白，爱情是一种感情，专属于男女之间的一种互相的感情。

而利益呢？人们对利益的追求来源于人的本性。有专家认为，动物有两个本性，即求生的本性和懒惰的本性；人具有三种本性，即求生的第一本性、懒惰的第二本性和不满足的第三本性（其中，人的不满足的第三本性是人和动物的根本区别）。所以，人们的利益也可以分为三类，即求生的利益、懒惰的利益以及不满足的利益。

求生的利益就是有生存危机的人们所追求的生存权益。比如，能找到求生的工作；比如，能获得救济的社会福利；比如，能救生的社会医疗保障等求生权益。如果没有这些基本的生存权益保障，那么，要饭吃，甚至坑蒙拐骗都可能是人们的利益所在。但如果有一天，爱情与利益碰撞，爱情成为实现利益的一种手段时，我们将何去何从？

小丽是一家公司的财务会计，长相一般，性格比较内向。她大学毕业后，一直没有找到合适的对象。一次偶然的机会，她认识了公司里公认的帅哥刘杰。虽然不在同一个部门，可是刘杰时常等小丽一起下班，后来两人成了朋友。

刘杰性格比较活泼开朗，两人在一起基本上都是刘杰说、小丽听。节假日，刘杰也时常带小丽出去玩。而小丽也因为刘杰的关系，接触到了许多东西。渐渐地，两人开始恋爱。

很长一段时间，小丽都沉浸在恋爱的幸福之中。可是有一天，刘杰让小丽利用她的职务之便从公司挪用 5 万块钱。小丽一听是要挪用公款，刚开始死活都不答应。可是，刘杰却用尽花言巧语，说是朋友出了点事，这些钱也就是救个急，最迟三天就能把钱还回来。刘杰也说话算话，第二天就把那 5 万块钱还给了小丽，说事也已经解决了。于是，小丽偷偷地把钱给还了回去。本以为事情就这样过去了，可谁知一个月后，刘杰让小丽再给支 10 万元。刘杰再一次用他的花言巧语从小丽那里顺利地“借”到了钱，又按期还了回去。就这样，来回挪用了好几次之后，小丽不再犹豫，而是很爽快地答应刘杰“借”钱的要求。可她却不知道，这一切的一切都只是一个骗局，而她只是傻傻地沉浸在刘杰用谎言编织的爱情之中。等到时机成熟时，刘杰再次利用小丽的职务之便，前后总共支取了 100 万元，从此远走高飞。

当警察找到小丽时，她仍坚信，“深爱”着她的刘杰不可能骗她，更不可能这样陷害她。可是，当事实摆在眼前，她才发现曾经的恩爱只不过是她的一厢情愿。

人是自私的，这是人的本性。实质经济学对人有更深刻的认识，就是人是“经济人”，永远只选择个人的更大利益。

可以说，“经济人”可以解释世间种种，或许这会让一些高尚的人觉得庸俗和鄙视。其实，仔细想想，曾经年少的时候，为了爱情我们可以抛弃一切，为了爱情而惊天动地。可一旦体会了世间沧桑，谁还会问心无愧地大喊：为了爱情，我可以抛弃一切。或许大多数人都会缩着脖子把头埋在沙堆中，甚至连爱都不敢轻易说出口吧！

为什么呢？其实原因很简单，因为年轻时我们身无牵挂，视爱情为自己的所有。可一旦身负责任，千丝万缕的利益让我们很难放弃，或者说这些利益已经把我们紧紧包住，想挣脱岂是易事！

有这样一个故事：

有一个人，别人给他 5 千元，请他出卖他的女朋友，他不同意。但是，随着价格一直往上涨，在涨到 50 万元的过程中，这个男孩的内心也由坚决不同意变成动摇，直到最后点头。

有人说，男人无所谓正派，正派是因为遭受的诱惑不够大；女人无所谓忠诚，忠诚是因为背叛的资本不够多。这句话一针见血地道出了利益与爱情相撞时大多数人的选择。看看现实生活中的男男女女，为了房子而分手的有多少，为了金钱而背弃爱情的人又有多少。有一网友发帖说：爱情=漂亮的脸蛋=坚实的物质基础=花园洋房+宝马奔驰=丰富的精神生活。或许你对此不敢苟同，但你敢肯定地说，现实生活中真没有这样的“等价”交换吗？

爱情很柔弱，禁不起一次次的撞击！若能劫后余生，必定伤痕累累。有裂痕的爱情不长久，利益无疑是撞击其最为有力的武器，它在爱情中给了那些痴迷人一次最严厉的考验，爱我就给我买房吧！风雨同舟虽然美好，但也仅是书中的幻想，而现实中的我们都是需要生存的俗人。记住，世界上没有无缘无故的爱情。

圣经六：利益与爱情能否兼得，合资爱情能走多远

爱情曾经是柏拉图式的纯净，“泰坦尼克号”般的生死相依。可如今是商业社会的快餐时代，每个人都在为衣食住行忙碌奔波，交际的异性也大多是利益网络里的一个个结点。所以，合资爱情也就随之诞生，一家家“爱情事业责任有限公司”甜蜜地开张了。简单来讲，合资爱情就是“情感利益，捆绑销售”，工作中的合作伙伴同时也是生活中的亲密情侣，这样的爱情就称作合资爱情。

这种爱情在生活中有许多，比如，张宝全与王秋扬，一对才子佳人。

王秋扬出身于军人之家，从小在海边的农村长大，曾是一名普通战士。她不像其他女孩子一样喜欢逛街、看肥皂剧或者热衷于买衣服，王秋扬说自己一年只去两次商场，每次买回半年的衣服。平时闲暇的时间，她都会像豹子一样四处冒险、运动、奔跑。她体验过别人极少有过的经历，走过许多人一生都不可能到达的地方，她有很多时间花在路上。旅行，对王秋扬来说是不可能舍弃的生活方式之一。

张宝全会弹风琴，会绘画和书法，学过木匠，还当过兵。转业后，他以第一名的成绩考入北京电影学院导演系。总之，他的简历有些混乱，但所有的一切又道出了他的灵性。

如今的张宝全是金典集团董事长，王秋扬是执行总裁，作为一个“夫妻档”式的公司，两人强烈的互补性造就了今天的金典集团。张宝全很感性，很有创造性，而王秋扬更擅长运营管理，在公司里主要扮演“管家”的角色，负责公司的日常管理，代表理性的一面，帮助张宝全实现他的创造。张宝全的创造性是王秋扬前进的动力，而王秋扬的理性分析是张宝全做重要决策的判断依据。

又比如，“土鳖”潘石屹与“海龟”张欣。

之所以称潘石屹为“土鳖”，是因为他出生于一个贫困的村庄，与“海龟”妻子张欣相提并论便会有些黯然失色。但是，工作中，他们却是一对“黄金搭档”。潘石屹曾形象地比喻他们两人的分工就像耍猴卖艺。耍猴的是张欣，敲锣吆喝和最后拿个笸箩收钱的是潘石屹。实际的分工就是张欣负责设计和管理，而潘石屹负责拿地、销售以及对外推广。

其实，除了这些大家所熟知的名人外，还有许多这样的合资爱情：他们为了结婚，为了房子，为了生活，将两人的积蓄与工资合在一起，从做点小生意开始，辛苦奋斗，积累成本，为垒筑爱巢而“捆绑”在一起。合资爱情是时代的产物，也是共同利益的产物。但是，不是每一段合资爱情都能像潘石屹与张欣、张宝全与王秋扬那样圆满，到底合资爱情能走多远？

基本上，其结局有两种：一是奋斗成功，成了恩爱夫妻与事业伙伴，让人羡慕；二是奋斗失败，或是因此分手，或是爱情坚贞，不怕“贫贱夫妻百事哀”，仍然做“穷夫妻”。成功者也有两种结局：一是“将爱情进行到底”，从此，爱情与事业双丰收，令人称羡；二是事业有成，成了“大款”，但“共患难易，同富贵难”，于是，“男人有钱就变坏”，开始另揽美色、移情别恋，或找情人，或包二奶，将“黄脸婆”弃之如敝屣，结果是合资爱情到此结束。

中国有句老话：“水能载舟，亦能覆舟。”在合资爱情里，爱情就是水，事业就是舟，以爱情为事业注定是不保险的。爱情一旦颠覆，合资爱情的天平就失了衡，事业也就只能跟着落入谷底。爱情在的时候，两个人你好我也好。可一旦爱情远走他乡，一旦有一方变心，受伤的另一方就可能面临事业爱情的双重打击。所以，这种最美的“合资爱情”其实也是最不堪一击的爱情。

他俩是大学同学，婚后创办了自己的公司。就在生意越做越顺的时候，两个人的感情出现了问题。当选择离婚时，他们才发现，共同办起的这间公司比孩子问题更加棘手。

因为公司注册时使用的是男方的名字。如果两个人离婚，就意味着女方要离开公司。就算是把公司的资产平均分配一下，但这间公司在法律上还是属于男方的。女方不想把自己辛苦经营的事业就此拱手相让，加之年龄已大，也没勇气重新创业或重新寻找工作，当然也不指望变了心的男人会主动还给她半家公司。所以，女方最终选择一种名存实亡的婚姻，每日活在痛苦之中。

成也萧何，败也萧何，比翼齐飞、携手并进的无上快乐之后，一旦爱情转移，在合资爱情中处于依赖地位的女性就会因爱情殃及事业。其实，在合资爱情里，爱情事业无论哪个受损，都如同天使折断了一侧翅膀，那半边翅膀也随之失去了飞翔的能力。所以，渴求事业和爱情双丰收的男女在想把爱情——事业——婚姻——家庭绑在一起的同时，千万别忘了给自己留条后路。

合资爱情固然有许多失败的例子，但也有成功的案例。所以，我们不应该将爱情的溃败彻底归咎于合资爱情本身，拥有什么样的爱情取决于相爱双方的共同努力和经营。合资爱情的成败不在于它本身，而在于男女双方的态度。凡事矫情偏执的，不“合资”也没用；能够清醒坦然的，“合资”也无妨。

圣经七：办公室恋情，别中“隐婚”者的爱情陷阱

当都市里一些白领还在为不知该与谁牵手而犹豫时，那些已婚人士却悄悄将婚姻当作秘密隐藏起来。在公众场合，他们刻意省略掉自己的婚姻状况，而以“单身”“无婚史”的身份示人。

他们没有婚戒，从不在办公室里打亲昵电话，总是一个人开车回家，热衷于参加各种聚会，身边有亲密女友亦有亲密男友，加班疯狂的时候睡在办公室。如果你不知趣，很“三八”地问一句：“你是单身吗?”得到的答案会似是而非——“我一个人。”这句话的潜台词是：此时此刻此地，我一个人。

近年来，“隐婚”现象逐渐在社会上流行开来。一项针对“隐婚族”的调查显示，不少“隐婚族”并非想象中那般“风流”，而是因为社会与职场上的压力，不得不回避婚姻话题。现在的职场上有潜在的竞争法则，人们一旦贴上婚姻的标签，竞争力往往大打折扣。调查中，关于“隐婚”的原因排名靠前的是“为保住饭碗，求得事业更好的发展”“害怕被排挤在社交圈外”。也有人表示：“之所以隐婚，就是在‘婚’着的过程中，继续葆有年轻人的生活状态，继续保持单身时的快乐!”

迫于社会和职场压力，“隐婚族”也有其苦衷。“隐婚”既是一种生活方式，也是一种生存策略。隐去已婚的身份，换来的是自由的空间、公平的机会、上司的青睐以及异性欣赏的目光。但是，身在职场，千万别中了“隐婚”者的爱情陷阱。

虽说大学是恋爱的天堂，可是张颖大学四年除了学习外，并没有享受恋爱的甜蜜。等到工作时，张颖发现冯经理对她特别关照，每次到办公室总喜欢询问她的个人情况，会议上总喜欢点她发表意见。

有一天，下班前，冯经理在 MSN 上留言，让张颖下班后等他，说是有重

要事情交代。张颖足足等了两个小时，才看见冯经理姗姗而来。偌大的办公室里，就只有张颖和冯经理两个人，张颖觉得有些尴尬，于是提高嗓门问："冯经理，请问你有什么事情要交代?"冯经理说："我要看上个月的报表。"于是，张颖急忙从电脑里帮他搜索。可是，站在身后的冯经理突然俯下身，握住张颖的手表明自己想跟她交往，张颖吓得连忙躲开。"你干吗老躲着我，我又不吃人，没那么可怕!"一句玩笑话打破了尴尬，但那种令人窒息的暧昧气氛却始终在张颖周身萦绕。

从那以后，冯经理的暧昧举动接二连三地上演，有时候故意在楼下接张颖下班，有时候送上一份甜蜜的小礼物。情人节那天，他送了张颖一部诺基亚 N97mini 手机。面对这份惊喜，张颖喜出望外。

"今晚有没有时间，赏脸共进晚餐?"张颖低头不语，算是默认了。张颖一脸幸福地走回办公室，引来一路追随的目光。好不容易等到下班，张颖提着礼物，慌慌张张往停车场赶去，冯经理早已等在车前，看着一脸笑容的张颖，忍不住在她额头上轻轻一吻。

虽然冯经理没有对张颖承诺过什么，但是，两人的恋情就在彼此的心照不宣下慢慢地进展。俗话说，没有不透风的墙。冯经理与张颖的恋情很快在办公室同事间传开。对此，张颖并没有什么顾虑。公司规定不能在办公室谈恋爱，否则其中一方就得离职，而张颖也做好了为爱情而放弃事业的准备。但是，结局却并不如张颖所想。就在她与冯经理关系传开的那一天，每天乘坐的那辆大众前面等她的人换成了同事李晶。虽然李晶极力克制自己，但张颖还是感觉到李晶的颤抖。面对一脸迷茫的张颖，李晶痛苦地蜷缩着身体，放声痛哭道："我早就发现你们两人不对劲，没想到果真是这样。我和冯结婚已两年多了，为了不丢掉工作，我们选择了隐婚。可谁知道，这竟成了他玩弄女孩子的绝佳幌子……"

听着满脸泪痕的李晶说出的这些事实，张颖顿时惊讶得目瞪口呆，说不出话来。

看来，隐婚族如果"隐"得过深，反而会给身边人带来困扰。毕竟，身边那些未婚的男女很可能会对他（她）产生依恋的情绪，慢慢落进这无意中"设置"的陷阱。如果隐婚族像冯经理那样，故意对身边的未婚者调情的话，那就会对未婚的男女造成伤害。所以，身在职场，擦亮自己的眼睛，千万别中了"隐婚"者的爱情陷阱。

办公室恋情可能会很刺激，也很激情，但它的副作用也是惊人的，可能让你经营了多年的家庭，守望了许久的爱情，珍藏了多年的贞操，统统付之一炬。瞬间，灰飞烟灭，一无所有。所以，不要被裹着糖衣的“炮弹”把你击中，不要让见人说人话、见鬼说鬼话的情场老手游戏了你的爱情和身体。与一时的快感和刺激相比，家庭和爱情都太过重要了，也弥足珍贵。

圣经八：爱谁也别爱上你的上司

职业女性白天的大部分时间是在办公室度过的。办公室中不乏很多精英人士，尤其是遇到人品才气俱佳的上司，与上司有关的办公室恋情似乎就不可避免了。

但爱谁也别爱你的上司，即使他再英俊、再温柔，声线再磁性、嘴唇再性感，也请你别看在眼里，爱在心上。尤其是对那些老婆贤惠家庭美满的上司，不要爱他更不要想他，不要对他的体贴照顾生出诸多牵挂，他是不能也不会给你结果的，再多的承诺也只是一种敷衍。就算爱来爱去白白受伤不算什么，如果丢了工作影响了前途，那就有点不值。最为重要的是，办公室里的那些流言蜚语够你受的，而你的自身能力也会因此而遭到众人的怀疑。所以，即使你的上司再优秀，或是你认为是再理想不过的伴侣，也不要对他动心。

当然，身在职场，你可以对别人不动心，但也不能保证别人不对你动心。毕竟，你除了才华横溢、精明强干外，还集青春靓丽于一身，招来无数异性同事艳羡的目光，自然是再平常不过的事情了。如果你不准备搞一场办公室恋情的话，你自然会有一万个理由。然而，在你的生活中，还有一种叫顶头上司的“动物”。当他们对你有了那么点意思时，那看你时的眼神，对你说出的话，在你面前时的种种举止，无不透着让你脊梁骨发冷的暧昧，此时的你会被他俘虏还是会突出重围？

这时候，你就要仔细想想，他真的很适合你吗？也许《麻雀变凤凰》和《水晶鞋与玫瑰花》之类的故事看多了，难免有一丝动摇。但是，传说中的故事在身边发生的概率很小。即使是即将成真的美梦，也不要高兴得太早，那毕竟只是个梦。

一名外企职员小琴向我们讲述了一段她的办公室恋情。销售部经理是个仪表堂堂的帅哥，经常跑到她这里献殷勤，还时常在工作中给予特殊照顾。他既是她的顶头上司，个人条件又很好，于是她就答应了他的约会。这时，有老员工警告她，说她不了解公司的情况，不要轻易做出什么决定。也许是话说得比较含蓄的缘故吧，也许当时的她正处在甜蜜之中，头脑有点发热，所以根本没把老员工的警告听进去。大约过了两个月，她因为把大部分的精力都放在爱情上，以致工作中连连出错，最后竟被老总炒了鱿鱼。当她满心委屈地想对他诉说时，本以为会得到安慰，却得到了“我们分手吧”！等到她收拾办公桌上的物品时，看见新进公司一个星期的小黄从他的办公室里走了出来。看着小黄脸上的幸福笑容，她就像看到了两个月前那个傻傻的自己。

纯情女人遭遇色狼上司，遇到这样的领导真是你的不幸，他看上你的时候可能要追溯到他当初面试你的时候。第一面，他就把你当作自己的“猎物”。于是，你在他的手下做得会很顺，处处照顾你、提拔你，出入各种场合都会把你带在身边。当他喝多的时候，会对你倾诉一些让你难以接受的醉话，其实他并没有醉，这只是一种策略。然而，你出于对工作的在乎和他领导的面子，一时间可能会把持不住自己，而让他在你面前解开皮带……也许你会觉得，自己从此会过上幸福美满的生活。别傻了，幸福美满的结局只存在于童话故事中，现实却是残酷的。如果你不想让自己成为下一个女下属爱上男上司后的悲剧女主角，在伤痛里缅怀逝去的爱情，那就要谨记：办公室是发展事业的地方，爱情是生活中用来享受的东西，切不可稀里糊涂地混在一起。否则，到头来什么也得不到。

职场女性和老板的爱情故事层出不穷，但最后好梦成真的终归是少数，多数人还是那些痴迷的失落者，在伤痛里缅怀逝去的爱情，直到梦醒后才明白，原来那不是爱，不过是爱的错觉罢了。

圣经九：正确处理办公室恋情

办公室是一个令爱神眷顾的地方，这里是美丽的温床，提供给我们爱情的养分。虽然都知道办公室恋情有许多显而易见的缺点，但是办公室里的男女们还是一个个不由自主地陷入办公室恋情之中。

究竟在办公室里搞男女关系有什么乐趣呢？我想许多办公室恋情开始的原因可归于以下几方面：

第一，工作极其枯燥，不搞点男女关系调剂一下简直会苦闷至死。

第二，每天疲于奔命地加班，根本也没有其他地方去结识异性。

第三，越是恶毒的老板、刻薄的公司，越容易出情侣，因为大家忍不住需要一个伴儿来同仇敌忾，至少抱头痛哭。

所以，许多男女在为同一个目标奋斗，在同一个屋檐下打拼，与同一个领导周旋，和相同的敌人奋战。这种相似，带着对事业的执着和对生活的热望，让他们时刻惺惺相惜。

既然办公室恋情无可避免，而且很不巧地你也陷入一场办公室恋情，甚至成为公司里的绯闻主角，你会如何适当地处理呢？首先，你必须了解公司如何看待办公室恋情。大部分公司倾向消极地阻止，但如果你们双方或有一人是公司不愿意损失的优秀人才，公司会希望当事人能有专业的自制能力。

在一般情况下，发生办公室恋情时，你应做到以下几点：

1. 恋情未成熟，对外不公开

处理办公室恋情，采取“阶段式”，即由隐秘到公开的方式，不论对恋情当事人还是对公司，都是利多于弊。

因为恋爱本是私事，与工作无关。急急公开，并不会使别人对你的工作能力另眼相看，反而造成许多相识、相熟的人，每天盯着你们看。而同事不见得都怀好意，万一有些多嘴的人，不时讥讽打趣，一对好鸳鸯甚至可能被拆散。

而且，没成熟就公开的办公室恋情，对脸皮较薄的女方较不公平。万一不成功，男方还可不理会风言风语，女方则肯定是受害者。

2. 工作高效率，恋情不遭嫉

“办公室是工作的严肃场所，不是恋爱的浪漫天堂。”办公室恋情的当事人要谨记上述原则。尤其当你们的恋情被老板或主管知道后，他们会有两个“关切”的出发点：一是乐观其成；二是注意当事人会不会因恋爱影响工作效率。

这也是恋情太早公开的坏处，往往工作上的常态失误，易被上司或同事冤枉成“忙着谈恋爱才犯错”。

3. 瓜熟蒂落时，检查两人心

办公室恋情成熟时，有时会发生女方不愿公开或男方仍不肯公开的情形。

女方的原因多半是虽然相爱，但未到论及婚嫁的地步，也就是在没决定“订婚”或“结婚”前，仍应保留。男方对女友这种顾虑应该谅解，并耐心等她调适心理；而女方也应了解感情成熟后，男友希望向同事公开，是为表达“认定你”的心意。

反之，男方不愿公开恋情的原因，大致有三种：

第一，男方实际上对这份感情并不认真，他心目中另有心仪女子。

第二，他谈这段恋爱，出发点不是喜欢她，而是为了工作上的好处或业务上的便利。

第三，男方认为，公开恋情对他在公司的形象和升迁可能有不良影响。

因此，办公室恋情成熟时，双方对公不公开的态度，往往就是检视恋情问题或矛盾的试金石。如果一方勉强，应找出根由，解决后再说。

4. 恋情传千里，言行要严谨

不管是恋情早早曝光还是成熟后公开，男女主角在办公室的言行举止，最好比一般同事更端正、更常态。同事起哄时，尽量不动声色，礼貌应对一下即可。如果忍不住想悄悄打情骂俏，最好有把握不让同事听到或看到。这是因为，恋人的快乐，可能是别人的肉麻，何况办公室是严肃的工作场所，不是吗？

5. 失败莫辞职，整装再出发

公开或未公开的办公室恋情如果失败，都不足以构成辞职的理由。再说了，你已经失去了爱情，再搭上事业前途，想想有点不值，所以恋情失败者应该冷静思考，权衡利弊。或许你会觉得与他在办公室相见时有点尴尬，那就努力工作吧！工作有时是最好的感情康复法。

虽然办公室恋情在许多公司都不受欢迎，但感情的事不是欢不欢迎就能阻止的事。如果你一不小心，与办公室的他（她）发生了恋情，就要正确处理，千万别因办公室恋情而失去工作中应有的理智。

第七篇

用“心”说话，办公室的语言游戏法则

在办公室里与同事们交往离不开语言，但是你会不会说话呢？俗话说：“一句话说得让人跳，一句话说得让人笑。”同样的目的，但表达方式不同，造成的后果也大不一样。作为职场人士，要想在办公室里处理好人际关系，就要用“心”说话，把话说得滴水不漏。

法则一：没有不透风的墙，别在人后说人

在工作间隙，聊天成为在办公室里工作的人打发时间的主要形式。聊天的范围虽然不受限制，但要注意格调，也就是不讲庸俗低级、格调低下的话题，比如搬弄是非、贬低他人的话题，对方的缺点和不喜欢的事也不应该作为话题。

语嫣是一家宠物杂志的记者，天性喜欢小动物的她很庆幸自己能够选择一份非常理想的工作。因为喜欢和动物接触，所以她不仅工作努力，而且热情有加。但是，在一个月前，升职加薪的人员中并没有看到她的名字。另一个在工作热情和工作业绩上都明显不如她的人，却因为善于奉承主任而轻轻松松地升了职加了薪。

语嫣怎么也想不通，愤愤不平之余，把自己的一肚子委屈告诉了跟自己不错的一个同事，说主管提升人不是看谁有本事，不是注重人的才能，而只把眼睛盯在会拍马屁的人身上。这话说出去后没多久，语嫣明显感觉主管对她另眼相待，并且时时在一些事情上压制她。年底，当语嫣的合同快到期时，主管以单位人力资源部门对她的业绩考核不及格为由，没有与她续约。

薪水阶层的社会，是一个竞争的社会。不论多么值得信赖的同事，当工作与友情无法兼顾的时候，朋友也会常常以工作为重。在同事面前批评上司，无疑是自丢把柄给别人，有一天身受其害都不自知。

其实，身在职场，仅仅做到不在同事面前批评同事还是不够的，还应做到言语中不要评论他人的是非，当谈及他人的隐私时，要及时地予以回避。

比如，当你的同事有一天忽然对你说："我觉得 A 很骄傲，你认为呢?"你千万不要附和说："是啊，我也这么认为!"因为说人坏话的人大抵是"广播电台"，这件事他既然和你说了，自然就会和别人说。当他和别人再提到这

件事时，难免不会在后面加上你的名字说：“B 也这么认为。”当然，这并不是最严重的，那个说人坏话者也很可能直接对 A 说：“B 说你很骄傲。”

对于这种喜欢打小报告的人，应当敬而远之。若是女性之间尚有所谓天真的成分，男性当中却有人专用这种手法中伤或击败竞争者，又阴险又狡猾，叫人防不胜防。所以，最好的方法是：当你遇到有人在闲言闲语，尤其是在背后说人坏话时，既不否定也不肯定，不要发表你的意见，听过就算了，或者就当你根本没有听见过。这样做的目的不单单是为了保护自己，而且也是思想成熟者应有的风范，不与小人为伍。

总之，在办公室里说人坏话是一大忌。因为这种搬弄是非，道人长短的话很容易传到对方耳中。即使听到这些话的人并非故意去传播，还是会直接或间接地传入当事人耳中，而且往往已被加油添醋，不堪入耳。这正是所谓的“好事不出门，坏事传千里”。

因此，在办公室里，我们应切记以下几点：

第一，不要向同事诉苦。如果你有对公司不满的情绪，切不可向同事倾诉，他们不仅帮不了你的忙，反而可能把事情弄大。一旦你的牢骚传到上司耳朵里，就会影响到你的前途。假如有同事向你诉苦的话，你应当安慰他，但不能表示任何意见，否则，你就容易在不知不觉中扮演一名煽动者的角色，从而引起上司对你的疑忌和反感。为了逞一时的意气，图口头上的痛快，而影响个人形象是下级的大忌。

第二，对于办公室中看不顺眼的事情，应当一笑置之，不必与之纠缠。假如遇到一位同事，想以男女私情博取上司的欢心，尽管你内心对此颇不以为然，甚至非常鄙夷，但也不宜公开谈论或露出不满情绪。因为即使你将之传开，也不能改变现状，反而会因此得罪同事，激怒上司，使自己的人际关系恶化，工作难以开展。为一件不相干的事开罪同事，尤其是上司，是非常不值得的。

背地里说别人坏话，等于毁自己的形象，是智力愚钝的表现。而且一旦这种坏话被“有心人”利用，你在办公室里的处境将变得非常尴尬。

法则二：赞美也是一种投资

长期以来，我们有一种偏见，那就是将那些善于说赞美话的人一律称之为“马屁精”，好像这些人人格多么低下似的。其实，这是对人际关系的一种误解。

心理学家席莱说：“我们极希望获得别人的赞扬，同样，我们也极为害怕别人的指责。”仔细观察身边的人，你就会发现，人们都或多或少地在说着赞美别人的话，只不过这种方式是多样的而已。对人际关系日益复杂的今天来说，多说赞美话不仅不是坏事，而且是一件“予人玫瑰，手有余香”的好事。

李师傅是任洁所在公司的专职司机，任洁第一次坐他的车时，正值上下班高峰时段，路上非常拥挤，但李师傅却能在那样的车阵中将车开得既快又稳。任洁见此说道：“李师傅，你在这样的情况下还能开得这么快，真是不简单啊!”

就这样一句简单的赞美之词，令李师傅非常高兴。因为他觉得自己的驾驶技术确实比别人高超，这也是让他很有成就感的地方。在任洁坐他的车以前，还没有人这么夸奖过他。于是，他此后都非常照顾任洁，平常看任洁没上车就会耐心地等几分钟；见任洁喜欢吃零食，也总会在车上备一些。这件事情过去 10 多年了，可李师傅仍然对当时的情景念念不忘，也时常对别人夸赞任洁有眼光，而且李师傅的开车技术也越来越高超了。

生活中，没有一个人不愿听到赞美之声、溢美之词。赞美，是对对方优良品质、能力和行为的一种语言肯定，它实质上是人们对待世界的一种健康心态，是处理人际关系的一种积极态度。古今中外，无论是过去、现在，还是将来，赞美都是极具效率的人脉语言。我们身边的每个人，当然也包括我们自己，都希望受到周围人的赞美，希望自己的价值得到肯定。这绝不是虚荣心的表现，而是渴求上进，寻求理解、支持与鼓励的表现。所以，我们应当把别人渴望、自己也渴望的东西献给对方，这才是真正的慷慨大方。

那么，在赞美别人时应该注意些什么呢？

1. 赞美出于真诚

赞美绝不是虚伪，一定要真诚。对别人的赞美要客观、有尺度、出于真心，而不是阿谀奉承、刻意恭维讨好，这样往往会适得其反，引起别人的反感。赞美之词是对别人成绩的肯定，会使听者感悟到自己存在的价值，激发他人努力去做出更大的成就。与此同时，自己也获得无限的快乐。如果你的赞美不带有真诚的意味，那么你的赞美只是徒劳，甚至会使朋友在心理上产生异样的感觉。比如，你的一个同事把事情搞砸了，你却“不失时机”地赞美道：“你做得真好，我还做不到那个样子呢。”试想，这个时候，你的朋友会有被赞美的“美妙感觉”吗？

2. 赞美要不失时机

在恰当的时机表达赞美，才能获取最佳的效果。首先，赞美需要在一定的语境里发生，不能纯粹为了赞美而赞美。我们要抓住关键的“字眼”去赞美对方。抓住了这个字眼，实际上也就抓住了对方喜爱的话题、对方擅长或感到得意的地方。

3. 力争第一次发现

你所发现的对方的特色、潜能、优势最好是别人都没有发现，甚至是他自己也没有发现的。你的赞扬会令他恍然大悟，瞬间即增强自信，从而对你产生好感。

4. 与对方的内心好恶相吻合

他自己认为是缺点，内心极为厌恶，但却被你夸奖，这会令他无法接受。如你赞美某个朋友像某个电影明星，而他恰好讨厌这个明星的相貌或性格，那你的赞美就适得其反。

5. 寻找对方最希望被赞美的内容

各人有各人优越的地方，他们固然盼望得到别人公正的评价，但在那些还没有自信的地方，尤其不喜欢受到人家的恭维。例如，女孩子都喜欢听到别人夸赞她们美丽，但对于具有倾国倾城姿色的女孩就要避免再去赞扬了，而应称赞她的智力。如果她的智力又恰好不如别人，那么你的称赞一定会使她雀跃无比。

6. 间接恭维

引用他人的评价，对某个朋友、同事过去的事迹，也就是既成的事实，加以赞美，被称为“间接恭维”。这证明你对他的成就、声誉有所了解，对方会欣然接受你的亲切、热情。

7. 背后赞扬

在背后赞扬人，是一种至高的技巧，因为人与人之间难得的就是背后能说好话，而不是坏话。如果朋友知道你在别人非议他时挺身而出，主持公道，一定会非常感激你。

8. 引其向善的赞美

赞美与谄媚、奉承、拍马屁的区别就在于其是“引其向善”。你希望对方拥有哪些优点，巩固哪些优点，你就要发现这些特点的体现之处，并及时予以鼓励，对方的自尊心受到激励后，会朝你赞许的方向努力。

9. 含蓄性的赞美

过直、过露的赞美时常会令对方感到过分，而抽象含蓄的赞词却能使人迷醉。语词本身含有多方面的意思，可做多种解释，对方会不自觉地往好的方面去想。譬如，你赞扬他：“你的眼睛好漂亮!”如果对方真的如此，他只会认为是理所当然的。但如果并非如此，这便成了一种讽刺。所以，倒不如说“你很有气质”，能产生更好的效果。

10. 直观性的赞美

初次相识时，可较多地使用这种方法。从对方的饰物入手，对其衣着、装饰等具体事情予以发现性的适度赞扬。这会让对方感到轻松、自然，从而使气氛活跃起来。

肯定对方的成绩和优点，对于我们来说，付出的只是一些语言和诚心，但却能满足对方的荣誉感，而你得到的也将会更多。

法则三：见什么人说什么话

说话足以左右人的意志，办公室里最高明的沟通者应是那些见人说人话、见鬼说鬼话的人。

因为“见人说人话”，就可以和“人”沟通；“见鬼说鬼话”，就可以和“鬼”沟通。所以，“见人说人话，见鬼说鬼话”是“沟通”的秘诀，也是和人相处、交朋友、给人好印象、了解对方的秘诀，这是一种技巧、一种艺术。

有一则笑话，颇能说明如何“见什么人说什么话”。

说是某人擅长奉承，一日请客，客人到齐后，他挨个问人家是怎么来的。第一位是坐出租车来的，他大拇指一竖：“潇洒，潇洒！”第二位是个领导，说是亲自开车来的，他惊叹道：“时髦，时髦！”第三位显得不好意思，说是骑自行车来的，他拍着人家的肩头连声称赞：“廉洁，廉洁！”第四位没权也没势，自行车也丢了，说是走着来的，他也面露羡慕：“健康，健康！”第五位见他捧技高超，想难一难他，说是爬着来的，他击掌叫好：“稳当，稳当！”

看完这则笑话，不知你是否悟出了一点“见人说人话，见鬼说鬼话”的奥妙之所在。其实，“见人说人话，见鬼说鬼话”在人际关系上是很有用的一招，它的厉害就在于抓住了人们常以自我为中心的弱点，在言语上让对方的自我感获得满足，对方的防卫意识便会松软下来，并且把你对他的客套、亲切当成你对他的关心，于是就对你产生好感。结果，你了解他三四分，他对你却还一无所知。所以，在办公室里与同事们交谈时，要想赢得同事们的好感，就必须刻意留意对方的兴趣、爱好，明白他们的意图和心思，投其所好，“对症下药”。

曾看到过这样 ·个帖子：

说是楼主因为工作、生活等多方面的原因，结交了一堆乱七八糟的人。

上至中央组织部的高级官员，下至街道办事处的基层工作者；富至身家亿万的老板，穷至身无分文的民工。在跟不同的人打交道时，他也扮演着不同的人。跟街道办事处的大妈在一起时，他简直比谁都能体会他们基层工作的辛苦；可在内心，他已经在心里把他们烦琐的办事程序骂了几千遍。跟大老板在一起时，他完全不把金钱放在眼里，上千万的投资也不过就是个眼光问题；可在生活中，他却时常掰着手指头算什么时候才能存够钱买一辆车。跟民工在一起时，他跟他们诉说着生活有多么的困难，压力有多么的大；可这时的他也在暗自庆幸，庆幸自己没有像他们那样。

在为人处世中，我们需要与不同身份的人交际。因此，针对不同的身份，所选话题也应有所不同，即要选择与之身份、职业相近或相符的话题。如此便能激起对方与你谈话的共鸣点和兴奋点。

虽然“见人说人话，见鬼说鬼话”不一定会和对方建立亲密的关系，但绝对是接近对方、和对方建立初步关系的好方法。如果你能这么做，那么保证会让你受益无穷。

职场上要处理好同事关系，一定要摆正好与坏的界限。同事接触，说话做事，都有到什么山唱什么歌的区别。有的人敢于说真话，并不问对方能不能接受。有的人见人说人话，见鬼说鬼话。说真话的，当时并不一定好；说鬼话的，也许能得人喜欢。

法则四：话有千万种，委婉最动听

“直言直语”是人性中一种很可爱，很值得大家珍惜的特质，因为唯有这种直言直语的人，才能让是非得以分明，让正义邪恶得以分明，让美和丑得以分明，让人的优缺点得以分明。只是在职场里，“直言直语”却给这种性格的人以致命的伤害。

喜欢“直言直语”的人说话时，只看到现象或问题，只考虑到自己的“不吐不快”，而不去考虑旁人的立场、观念、性格。他的话有可能一派胡言，也有可能鞭辟入里。一派胡言的“直言直语”对方明知，却又不好发作，只好闷在心里；鞭辟入里的“直言直语”则直指核心，让当事人不得不启动自卫系统，若招架不住，恐怕就会怀恨在心。所以，直言直语不论是对人还是对事都会让人受不了，于是人际关系就出现了阻碍。

而且喜欢直言直语的人一般都具有“正义倾向”的性格，言语的爆发力、杀伤力很强，所以有时候这种人会变成别人利用的对象，鼓动你去揭发某事的不法，去攻击某人的不公。不管成效如何，这种人总要成为牺牲品、成为别人的眼中钉、成为排名第一的报复对象。

所以，要想在办公室里搞好关系，又不成为别人的牺牲品，那就要在说话方式上下点功夫。说话时，尽量委婉一些，不要太直，让自己的舌头打个弯。将那些直言、不中听的真话暂且搁住，以免对方生厌。现实生活中，很少有人因直言而使自己获得好处。这是成功处世的经验之谈。

林爽文在台湾兴兵起义之后，朝廷中的大小决策，很多就是在和珅的委婉话语中决定的。

台湾起义之后，和珅举荐其前去镇压的常青部队，屡屡受挫。常青无奈，只得向朝廷如实汇报。乾隆读罢公文，心中不禁有些担忧起来，不知道何年何日才能平镇起义，让天下复归太平。和珅静静地站在一旁，看出乾隆忧心忡忡的表情，不等乾隆问话，就走上前说："皇上，依奴才之见，林爽文之徒不过是一个寻常的贩夫走卒，能有多大的本领，一定是孤注一掷，想拼几个人与他陪葬。朝廷大兵一到，他岂有不败之理，皇上不必过于忧虑了。"乾隆虽然明白和珅所言只不过是宽慰自己的话，可听起来还是感觉舒畅了很多。和珅继续说道："常青所为也有失体统，林爽文小小的叛匪，不值一提，他怎么能闹得邻近诸省都人心惶惶呢，怎么能派两路提督去惩治这伙小小的匪贼，都是奴才平日教导不够，他如此捕风捉影，草木皆兵，哪还有一点总督的气度？"官兵"剿匪"屡战屡败，常青即使派去了两路提督，仍然是毫无战果。这才闹得邻近诸省人心波动，惶惶不安。可这样的事实到了和珅口中，竟全都是因为常青个人气度不够，小题大做了，一句话就把前方的困境化于无形之中。乾隆听了，心也稍稍放松了一些，打消了要继续派兵增援的念头，命常青率现有军队，奋力杀敌。

不久以后，前方的战报依然不容乐观。乾隆在早朝之上，向群臣询问良策，表示要御驾亲征。和珅一听，惊出了一身冷汗，他何尝不知台湾战局的实情。林爽文之徒虽然人数不多，但多骁勇善战，拼死一搏，再加上占有地利的优势与大陆渡海前往的官兵巧妙周旋，几至于不败之地。乾隆亲征无异于表明朝廷竟奈何他们不得，全国人心必然更加不安，后果不堪设想。然而，劝阻乾隆却不能把实情直说，的确让人有些为难。和珅要找出一些堂而皇之的理由，阻止乾隆亲征。于是，他走出朝臣的队列，上前几步说："万岁爷，此事万不可出此下策，依奴才愚见，台湾战事不佳确有其深刻的原因。皇上治国，中正仁和，轻徭薄赋，爱民如子。料想台湾的百姓未曾被及圣恩，这才心思造反，责任在于地方官员没能将万岁爷的仁爱之心示之于民。一旦官员警醒，施以仁政，百姓必会人心思归。前方战事，除继续用兵外，奴才以为，还可颁布告示，攻心为上，分化贼匪与普通百姓，从内部攻破。这样一来，外有大兵压境，内有人心背离，贼匪不日可破。"和珅在朝堂上侃侃而谈，一番话，既称颂了乾隆的仁政，又指出了破敌的方略，言明破敌的容易，杀鸡焉用牛刀！御驾亲征，自是不需要的了。乾隆被和珅说得飘飘然起来，也觉得自己有些过虑，遂打消了亲征的念头。委婉的言辞可以令人逞一时之快，但对于战事却没有多少增益，台湾的起义军依然声势不减，最后还是身经百战的福康安率军渡海，艰苦作战一年有余才平定下来。

和珅的巧言善辩，在乾隆退位之时表现得最为淋漓尽致。八十五岁的乾隆御宇六十年整，准备让出皇位，归政太子，先把消息告知了和珅。和珅本意极不愿乾隆退位，因为新帝即位，他的前途就不可预料了。万一新帝不信任自己，自己的万贯家资、权倾朝野岂不是要付诸东流。可是，这样的话如何说得出口。和珅忙修书一本，奏道：“吾皇万岁，内禅大礼，合乎仁义，昭乎日月，前史之中虽有多所闻，然未见有多少荣誉。惟尧禅位于舜，舜禅位于禹，方算日千古盛典。但考究尧传舜之时，几在位七十三载，帝舜三十征庸，三十在位，又三十余载方行禅位之礼。当今我主，精神矍铄，威风不减，定寿比尧舜。如此一二十载之后，再传位太子，也不为迟。况且四海之内，视万岁如父母，人心齐仰，如日昭昭，皇上御宇一日，四海即仁被一日，百姓感恩一日，奴才等近沐恩慈，尤愿皇上永护。”

这一番话说得甚是圆满。他先说做太上皇也并无多少荣耀，这在一定程度上击中了乾隆的弱点。乾隆准备禅位，一部分原因是为了让自己的一生功德圆满，以禅让结束统治完成仁君的形象。然而，和珅此话不能不让乾隆想起历史上的几位太上皇的经历：“玄武门”之变，唐太祖李渊不得不传位李世民；诛杀韦后之后，唐睿宗不得不传位至唐玄宗；唐肃宗在灵武即位后，远在蜀地的玄宗又不得不做太上皇，被剥夺了实权。到了宋朝，金兵南下，宋徽宗不得已才传位于太子。诸如此类，没有一人的禅位能够名扬青史，流传后世。和珅说这些，首先，是希望乾隆以此为鉴，知难而退，但说得又毫不刺耳，让人听来，还觉得为自己想得周到。其次，和珅以尧舜为例，力劝乾隆。乾隆向来以仁君自居，最喜欢别人把他比作尧舜。和珅说尧舜在位的时间都远远超过了六十年，乾隆又何必拘泥于六十年之限呢！最后，又重重地拍了一下马屁，说不仅是自己不希望皇上不要退位，继续执政，天下的百姓也都深感圣恩，拥戴皇上，乾隆继续在位是顺乎天意，合乎民心之举，定会四海升平，寰宇安定。

和珅的话满足了乾隆的虚荣，委婉地道出了自己的目的，可谓是一篇滴水不漏的好文章。当然，言语委婉并不容易做到，它需要有高度的语言修养。如运用什么语气，采用哪一种句式，运用什么言辞，以及“讳饰”、暗喻等，既要有高度的思想修养，也要有丰富的汉语知识。用得好，不但同样的内容可以使对方乐意接受，而且在极大程度上，可以激起对方的兴趣和热情，其作用往往超过一般的直言快语。

职场中，有些人以说话“心直口快”为美德。其实，“心直”固然可嘉，但“口快”却未必值得称道。如果能区别不同的情况，该直说的就直说，该委婉的就委婉，不但可以把工作中不必要的烦恼消除掉，也能在轻松愉快的氛围中收到直言所不能起到的作用，还能感受到很多由委婉带来的意想不到的妙趣。

法则五：倾听往往比说话更重要

俗话说：“雄辩是银，倾听是金。”如果你希望成为一个善于与人沟通的高手，那你就应当先做一个会倾听的人。要使别人对你感兴趣，那就应当先对别人感兴趣。倾听，不仅仅是对别人的尊重，也是对讲话者的一种高度的赞美，更是对讲话者最好的恭维。我们知道，在社交过程中，最善于与人沟通的高手，往往是那些善于倾听的人。试想，如果你能倾下身子，很谦虚地倾尽全部注意力去听，说的人也定会倾其所有，知无不言，言无不尽。沟通的目的不是“说”，而是“听清楚，说明白”，要达到双方都完全了解的目的。

每个人都希望获得别人的尊重，受到别人的重视。当我们专心致志地听对方讲，努力地听，甚至是全神贯注地听时，对方一定会有一种被尊重和被重视的感觉，双方之间的距离必然会拉近。

但是，有相当一部分人在听人谈话时很难做到虚心倾听。有些人觉得在某个方面自己知道得更多，就经常打断对方的讲话，中途接过话题，迫不及待地发表自己的意见，不顾对方的想法而自己发挥一通。这是一种不尊重对方的表现，而实际上你也未必在此时就真正把对方的意思听懂、听明白，甚至常常是没说上几句话就谈崩了。这就是由于没有虚心倾听对方的话而造成的。

因此，在与人交往的过程中，我们都要掌握听人讲话时应该注意的事项，即掌握听的规则，从而提高交往的效率，成为职场社交的大赢家。

1. 要搞清自己听的习惯

首先要了解，你在听人讲话方面有哪些好的习惯，有哪些坏的习惯。你是否对别人的话匆忙做出判断；是否常常打断别人的谈话；你是否经常制造交往的障碍等。了解自己听的习惯是正确运用听的技巧的前提。

2. 不要逃避交往的责任

交谈必须有说话者和听话者，双方缺一不可，而且每个人都应轮流扮演听话者的角色。作为听话者，不管在什么情况下，如果你不明白对方说出的话是什么意思，你就应该用各种方法使他知道这一点。在这里，你可以向他提出问题，或者积极地表达出你听到了什么，或者让对方纠正你的错误之处。如果你一言不发，或者一点表示也没有，那么，谁能知道你是否听懂了对方的话。

3. 要全身心地注意

要面向说话者，同他保持目光接触，就连你的姿势和手势都证明你在倾听。无论你是站着或是坐着，与对方保持对于双方都最适宜的距离。要记住，说话者都愿意与认真倾听、举止活泼的人交往，而不愿意与“木头人”交往。

4. 要把注意力集中在对方所说的话上

每个人都有注意力不集中的时候，虽然这个时间不长，但我们在听对方谈话时一定要有意识地把注意力集中起来，努力把环境的干扰压缩到最小限度，避免走神分心。通常积极的姿势有助于我们把注意力集中在对方所说的话上。

5. 努力理解对方的言语和情感

倾听不仅要听对方传达的信息，而且要“听”对方表达的情感。例如，假设一个工作人员这样说：“我已经把这个 Case 完成了。”而另一个工作人员却这样说：“谢天谢地，我终于把这些该死的 Case 弄完了！”尽管这两个工作人员所发出的信息内容相同，但后者与前者的区别在于他还表达了情感。一个不仅倾听工作人员讲话的内容，而且理解他情感的细心的领导，在下达新的任务以前，就已经取得交往的高效率。

6. 要观察讲话者的非语言信号

既然交往在很多时候是通过非语言方式进行的，那么，就不仅要听对方的语言，而且要注意对方的非语言表达方式。这就要注意观察说话者的面部表情，如何同你保持目光接触，说话的语气及语调和语速等，同时还要注意对方站着或坐着时与你的距离，从中发现对方的言外之意。

7. 要对讲话者保持称赞态度

对讲话者要保持称赞态度，能营造良好的交往气氛。听话者的称赞越多，讲话者也就越能准确地表达自己的思想。相反，如果你对讲话者表现出极为消极的态度，可能会引起他的防御反应，产生对你的不信任感和警惕性。

8. 要努力表达出理解

在与人交谈时，要努力弄明白对方想表达的情感及意思。如果你能全神贯注地听对方讲话，不仅表明你理解他的情感，同时也有助于你准确地理解对方的信息。

9. 要倾听自己讲话

倾听自己讲话，对于培养倾听他人讲话的能力是特别重要的。倾听自己讲话可以让你了解自己，一个不了解自己的人是很难真正了解别人的。倾听自己对别人讲些什么，是了解自己、改变和改善自己听的习惯与态度的一种手段。如果你不倾听自己如何对别人讲话，你也就不会知道别人应如何对你讲话，你当然也就无法改变和改善自己听的习惯与态度。

10. 要以相应的行动回答对方的要求

对方与你交谈的目的往往是想得到某种可感觉到的信息，或者使你改变观点，或者迫使你做某件事情等。在这种情况下，采取适当的行动就是对对方最好的回答。

总之，高效沟通有时候需要我们做诚恳的倾听者。俗话说：“善听者善交人。”如果要想做到高效沟通，就应该学会“倾听”。

一个口齿伶俐、巧言令色的人不一定是一个会讲话的人。一个会讲话的人往往是能够热诚而专注地倾听他人说话，适时地回馈重要信息的人，因为人类并不是为了想说话而一直说话，而是为了别人聆听他的想法或意见才说话的。所以说，听是谈话的另一种方式。

法则六：善意的谎言该说就说

《狼来了》的故事，我们都耳熟能详了，讲的是一个放羊的孩子撒谎欺骗伙伴，导致羊最后被狼吃掉的故事。大人们每次给小孩子讲完这个故事后，都会习惯性地告诫道："做人一定要诚实，撒谎的孩子不是好孩子，会像那个放羊的小孩一样被狼吃掉。"

教育的话是正确的，诚实是我们做人的根本。然而，在现实社会中，很多时候，我们不得不说一些善意的谎言，因为善意的谎言或许更能让我们以及爱我们和我们爱的人生活得更美好。

有的同事英雄无用武之地，得不到重用，管他是不是真心英雄，说些善意的谎言让他宽宽心，未尝不可。比如，"其实你很棒"，"我们都看得见你的努力"，"一切都会好起来的"，"其实你一直为单位着想"等。有时同事情绪不佳或表现糟糕时，也可以用一些善意的谎言来宽慰他。有时，我们也可以用"今天你穿得真有个性"，"美女，今天看起来精神不错噢"等溢美之词去称赞人，从而拉近彼此间的关系，使同事间的相处更加和睦。如此看来，谎话有时就是一种调节剂，只要是对自己有利而又不伤害别人利益的话，都可以说。

很多时候，不分场合的诚实，不仅会伤害别人，也会伤害自己。

午餐时间，经理邀请张军去吃午餐。可是，张军觉得和经理吃饭是一件让他很倒胃口的事，而他也并不想因为经理而破坏了好好吃一顿午餐的心情。于是，张军想也没想就直接跟经理说："我并不想跟你一起吃午饭！"从那以后，经理一有机会就给张军穿小鞋。

由此可见，生活中，有时候撒个"善意的谎言"是必要的。张军可以用较正当的理由跟经理说："不好意思，我身体不舒服没有胃口，想多休息。"

也可以说：“抱歉！我已有约在先。”可他却草率地拒绝经理的邀请，让经理产生过多不必要的联想。

八面玲珑的韦小宝成了职场偶像；《潜伏》里的余则成用九句真话加上一句假话作为成功的秘笈；《杜拉拉升职记》曾经被众多白领称为职场生存必备手册……有时候，只有掌握必要的撒谎技能，才能在关键时刻保全自己。

而很多事实也告诉我们，职场的谎言显然不止出于“自保”，更有恶意隐瞒的嫌疑。职场胜情场，谁要是全心全意相信对方，谁就是傻瓜。

现今职场，无论出于什么原因，撒个小谎骗骗别人，都早已是很多人擅长的“小技巧”，甚至不会引起内疚感。很多谎言制造者认为，善意的谎言无伤大雅，还能起到职场关系润滑剂的作用，何乐而不为。

总之，谎言在人际关系中几乎是不可缺少的。有些人宣称自己从来不说假话，这句话本身就一定是假话。世界上没有不说假话的人。许多假话在形式上与人际间真诚相处不相一致，但在本质上却吻合了人的心理特征和社会特征。人们都不希望被否定，人们都希望猜测中的坏消息最终是假的。为了使许多合理的心愿暂时不被毁灭，假话就开始发挥它的作用。

但值得注意的是：撒谎应站在关怀对方的立场，最起码说出来的话不能伤害对方。如果说出来的谎言连自己都没有办法接受，或者使对方产生厌恶感，那就失去了撒谎的意义了。

在不伤害对方的前提下，为使事情控制在一定范围和一定程度，说一些不含恶意的谎言是可以接受的。它是一种职场常用的手段和一种处事方法，它有时也是处理上下级关系的润滑剂。只是在运用这一手段时，要注意尺度，不要违背行业的商业规则和个人的职业道德规范。

法则七：把“不”巧妙地说出口

有人说，生活中一半的麻烦都是因为你说 Yes 太快，说 No 太慢。是的，拒绝不像选择那样令人心情舒畅，它森严的外衣里裹着我们始料不及的风刀霜剑，而且像一种后劲很大的烈酒，在漫长的季节后还会使我们头晕目眩。于是，我们本能地惧怕拒绝。我们在无数应该说“不”的场合沉默，我们在理应拒绝的时刻延宕不决。我们推迟拒绝的那一刻，梦想拒绝的体积会随着时光的流逝逐渐缩小以至消失。可惜这只是我们一个美好的愿望，真实的情境往往是适得其反。不拒绝那本该被拒绝的事物，就会像菜花状的癌肿，蓬蓬勃勃地生长着、发育着，侵袭我们的生命，一天比一天变得更难以救治。

在办公室里，我们总会遇到这种情况：

面对同事的请求，如果是力所能及或者说应该帮的事情，那还好办；如果是一件难度很高的事情，就有点不知如何是好了。答应下来吧，可能要连续加几个晚上的班才能完成，而且也不符合公司的规定；拒绝吧，面子上又实在抹不开，毕竟大家都是同事。

上司叫你干一件事的时候，也许是慑于上司的压力，也许是出于其他的某种考虑，你往往不会去拒绝而是马上应承下来，即使这件事不该你做，或超出了你的负荷。对上司的要求来者不拒就能使上司认为你能力强，且任劳任怨，是一个优秀的员工吗？是否就会对你以后的工作产生持久的积极作用？答案是否定的。你不顾自己的能力和客观情况承接下来的任务，有时反而会成为你额外给自己找来的枷锁和危险。

面对上述情况，我们要正确地对别人说“不”，是一项超高难度的技巧。但若能切合时机巧妙地拒绝对方，不仅可以维护辛苦建立的人际关系，更能将负面作用降到最低，更可保证自己有足够的时间、精力去完成自己的工作。

那么，要怎样才能学会说“不”的技巧，让自己顺理成章地、轻松地说出拒绝的甜言蜜语呢？

1. 先倾听，再说“不”

当你的同事向你提出要求时，他们心中通常也会有某些困扰或担忧，担心你会不会马上拒绝，担心你会不会给他脸色看。因此，在你决定拒绝之前，首先要注意倾听他的诉说——比较好的办法是，请对方把处境与需要讲得更清楚一些，自己才知道如何帮他。接着，向他表示你了解他的难处。若是你易地而处，也一定会如此。

倾听能让对方先有被尊重的感觉，在你婉转表明自己拒绝的立场时，也比较能避免伤害他的感觉，或让人觉得你在应付。如果你的拒绝是因为工作负荷过重，倾听可以让你清楚地界定对方的要求是不是你分内的工作，而且是否包含在自己目前重点工作范围内。或许你在仔细听了他的意见后，会发现协助他有助于提升自己的工作能力与经验。这时候，在兼顾目前工作的原则下，牺牲一点自己的休闲时间来协助对方，对自己的职业生涯绝对有帮助。倾听的另一个好处是，你虽然拒绝他，却可以针对他的情况建议如何取得适当的支援。若是能提出有效的建议或替代方案，对方一样会感激你。甚至在你的指引下找到更适当的支援，反而事半功倍。

2. 温和坚定地说“不”

当你仔细倾听了同事的要求，并认为自己应该拒绝的时候，说“不”的态度必须是温和而坚定的。好比同样是药丸，外面裹上糖衣的药，就比较让人容易入口。同样，委婉表达拒绝，也比直接说“不”让人容易接受。

3. 多一些关怀与弹性

拒绝时，除了可以提出替代建议，隔一段时间还要主动关心对方的情况。有时候，拒绝是一个漫长的过程，对方会不定时提出同样的要求。若能化被动为主动地关怀对方，并让对方了解自己的苦衷与立场，可以减少拒绝的尴尬与影响。当双方的情况都改善了，就有可能满足对方的要求。总之，拒绝的过程中，除了技巧，更需要发自内心的耐性与关怀。若只是敷衍了事，对方其实都看得到。这样子有时更让人觉得你不是个诚恳的人，对人际关系伤害更大。

4. 让肢体语言帮你说“不”

别看语言是人与人之间沟通的主要桥梁，其实有的时候，撇开它不用，反而更不易惹是生非。这时候，肢体语言就可以派上用场啦！

大文豪雨果撰写巨著《悲惨世界》之时，为了不让自己的文思中断，集聚思路将这本书尽快完成，拒绝了一切应酬。

可是，在这么长的时间内，总会有至亲好友上门来强拉他去应酬。怎么办呢？他想到了一个好方法来应付。当至亲好友按他家的门铃时，他总是很快地将门打开。可是，亲友们看到的却是一个留了半边头发和半边胡须的人。如此一来，就算多么想拉他一起去应酬，也做不到了。

于是，这部巨著也就如期完成了。

总之，良好的人际关系并非仅建立在一个“是”字上，学会拒绝也是一个很重要的方面。

学会说“不”，让自己有一个更为宽阔的发展空间，学会说“不”，让别人也不会感到颜面尽失，这个学问可不小。因此，我们在说“不”时应掌握技巧，把握分寸，给对方一个台阶下，也给自己一个退路。

法则八：做人不要做绝，说话不要说尽

曾有人说：“福不享尽，话不说尽，事不做绝。”由于福享尽了则福无久享，话说过头了自己也就没有回旋的余地，同样事情做绝了，也等于把自己往死胡同里逼，没有后路可以退，而且在无形中给自己树立了一个敌人。所以，除非必要，否则做事还是留一点空间的好，既不得罪人，也给自己留条路。

某食品厂的销售部经理由于一次判断失误，给公司带来了十几万元的损失。这位经理平时工作非常认真，从公司成立开始便与厂长一同打天下。事后，经理承认了自己的错误，主动提出不要这一年的工资和奖金，并做好了相应的补救计划。但这一失误却未能得到厂长的原谅，厂长坚决要将他开除，其他人的挽留和劝说也都无济于事，并在大会小会上经常提及此事。

这位经理辞职后，经过融资也开了一家食品厂。由于他以前人缘就好，以前厂子的一批技术人员也跟了过来；再加上销售渠道他也熟识，所以业务很快便开展了起来。而那位厂长却因为开除他，致使手下不敢放手做事，导致工厂最终难逃倒闭的命运。

这位厂长如果当初不把销售部经理逼到辞职的地步，可能就不会落个一无所有的下场。老话说得好：“兔子急了也咬人。”如果非要将对方逼进死胡同，让人退无可退，必定会遭到对手全力反击。从古至今，大凡能成大事的人，皆善于谦恭退让，懂得给自己留下回旋的空间，都明白先声夺人，狂躁激进，赤膊上阵，意气用事，鲁莽行为，这不但是匹夫之勇，于事无补，更会露拙于人，授人以柄，成为众矢之的，最终只能功败垂成，半途而废。所以，凡事要给自己留有余地，顾大局，看长远，顺其自然，该退则退，该让则让，不急不恼，以躲为闪，以守为攻，退让一大步，为自己留出一片天地，

在退让的天地中休养生息，保全自己，蓄势待发。

有一位朋友和同事闹不愉快，他向同事说："从今以后，你是你，我是我，我们断绝所有的关系，彼此毫无瓜葛……"说完话不到半年，他的同事成为他的上司，这位朋友因讲过重话，只好辞职，另谋他就。

俗话说："逢人只说三分话，留下七分自己赏。"有些人也许以为大丈夫光明磊落，事无不可对人言，何必只说三分话呢？但老于世故的人的确只说三分话，时刻都会为自己留条后路。你一定认为他们是狡猾，是不诚实。其实，这并不是不诚实，也不是狡猾，而是说话本来有三种限制，一是人，二是时，三是地。非其人，不必说。非其时，虽得其人，也不必说。得其人，得其时，而非其地，也不必说。非其人，你说三分真话，已是太多；得其人，而非其时，你说三分话，正给他一个暗示，看看他的反应；得其人，得其时，而非其地，你说三分话，正可以引起他的注意，如有必要，不妨择地另作长谈，这才是最机智的做法。

廉颇曾顽固不化，蔑视蔺相如，到最后，不得不肉袒负荆，登门向蔺相如谢罪。郑庄公说话太尽，无奈何掘地及泉，遂而见母。因此，古语说："凡事留一线，日后好相见。"凡事都能留有余地，方可避免走向极端。特别在权衡进退得失的时候，务必注意适可而止，尽量做到见好便收。

凡事都要留有后路，也就是说："做任何事情宜留后路，以便需要时能够退身。"人生多变化，好花不长开，好景不常在。开车，你要有备用钥匙；银行里应有一些存款；与人相争，话不宜说太绝。总之，就是给任何事留下一个可回旋的空间。

以下的状况是我们在说话时应该注意的：

1. 做人方面

第一，与人交恶，不要口出恶言，更不要说出"势不两立""你等着瞧"之类的话。或许你是正确的，但并不是叫你口出恶语。事实上，不管谁对谁错，闭口不言是最好的做人法则。这样一来，他日需要携手合作时就不会因放不下"面子"而失去机会。

第二，对人不要太早下评断。像"这辈子你是没什么出头之日了""这个人完蛋了"之类属于"盖棺论定"的话最好不要说。人一辈子很长，变化也很多。也不要一下子评断，"你将来肯定前途无量""你日后定会飞黄腾达"。总之，应多用"是……不过……如果"之类的话语。

当然，状况不仅仅是这些，固然把话说绝有时也有实际上的需要，但是，除非必要，还是保留一点空间的好，既不得罪人，也不会使自己陷入困境。

2. 做事方面

第一，对别人的请托可以答应接受，但不要“保证”，应以“我尽量，我试试看”等代替。

第二，上司交办的事当然要接受，但不要说“保证没问题”，应以“应该没有问题，我尽量做到最好”之类代替。

这是为了万一自己完不成而留的后路，而这样说事实上也无损于你的诚意，反而更显出你的审慎，别人会因此而更加地信赖你。如果到时候，事情没有做好，也不会责怪于你。

春光虽好，但总有尽时。人生也是如此，每个人都有高潮和低潮。人无千日好，花无百日红。就像玩牌一样，一个人不能总是得手，一副好牌之后往往就是坏牌的开始。所以，见好就收便是最大的赢家。做人的真谛就在于此。

法则九：玩笑开过火就会失去“笑”果

生活中需要笑声，同事在一起时免不了要开玩笑。健康的玩笑，可以把工作和生活中的所见所闻，用风趣的语言和巧妙的方式说出来，让大家皆大欢喜。但开玩笑没有把握好尺度，难免造成双方的难堪而失去“笑果”，甚至还会给人留下不好的印象。尤其是和上司开玩笑一定要讲究分寸，千万不能开过了火，否则损害了双方的关系，影响以后的晋升那才是得不偿失。

欢欢是一家公司的外勤人员，是个聪明伶俐的女孩。她脑子灵活，言辞犀利，还有丰富的幽默细胞，无论到哪儿都是颗“开心果”。但如此可爱的欢欢，却得不到老板的青睐。

欢欢工作时非常努力。有一次，她加了一整夜的班。第二天大清早，赶到公司。满身疲惫的她被领导不分青红皂白地批评一通，说她工作不够仔细、状态差等，任她怎么解释都不行。欢欢委屈极了，向比较谈得来的办公室“白骨精”请教。对方反问她说：“想想你平时有没有在言辞上对老板不敬啊?”

这么一问，欢欢想起来了，自己平时就爱与同事开玩笑，后来看老板斯斯文文，对下属也总是笑眯眯的，于是她胆子一大，就开起了老板的玩笑。有一天，老板穿着一身新西装来上班。别人都是微笑着对老板说：“您今天真精神啊!”只有欢欢夸张地大叫：“老板，你今天穿新衣服了！不过款式好像是去年流行过的啊!”现在回想起来，当时老板的脸色真是特别难看。

还有一次，欢欢带着刚刚谈好的客户和协议来找老板签字。看到老板龙飞凤舞的签名，客户连连夸奖老板：“您的签名可真气派!”欢欢听后又是一阵坏笑：“能不气派吗？我们老板可是暗地里练了三个月了！况且这是他写得最多的文字。”此言一出，老板和客户都陷入尴尬。

想到这些，一向快言快语的欢欢再也高兴不起来了。原来，这就是她虽然聪明能干，却无法受到重用的原因。

看来，办公室玩笑虽是人际关系的润滑剂，却也是惹火上身的导火索。所以，在办公室这个无风还起三尺浪的地方，要注意开玩笑的艺术。哪怕是最轻松的玩笑话，都要注意掌握分寸。当然，也不是要你死气沉沉，三缄其口。想让玩笑起到有利无害的效果，应该注意以下几个方面：

1. 不要开上司的玩笑

上司永远是上司，不要期望在工作岗位上能和他成为朋友。即便你们以前是同学或好朋友，也不要自恃过去的交情与上司开玩笑。特别是有别人在场的情况下，更应格外注意。

2. 不要以同事的缺点或不足作为开玩笑的目标

开玩笑时，一定要注意内容健康，风趣幽默，情调高雅。在社交活动中，忌开庸俗的玩笑。千万不要拿同事的缺点或不足开玩笑。再说了，金无足赤，人无完人。你以为你很熟悉对方，随意取笑对方的缺点，但这些玩笑话却容易被对方觉得你是在冷嘲热讽。倘若对方是个比较敏感的人，你会因一句无心的话而触怒他，以致毁了两个人之间的友谊，或使同事关系变得紧张。而你要切记，这种玩笑话一说出去，是无法收回的，也无法郑重地解释。到那个时候，再后悔就来不及了。

3. 不要和异性同事开过分的玩笑

有时候，在办公室开个玩笑可以调节紧张的工作气氛，异性之间开个无伤大雅的玩笑亦能缩近彼此间的距离。但切记异性之间开玩笑不可过分，尤其是不能在异性面前说黄色笑话。这不仅会降低自己的人格，还有可能会让异性认为你思想不健康。

4. 莫板着脸开玩笑

到了幽默的最高境界，往往是幽默大师自己不笑，却能把你逗得前仰后合。然而，在生活中，我们都不是幽默大师，很难做到这一点，那你就不要板着面孔和人家开玩笑，免得引起不必要的误会。

5. 不要总和同事开玩笑

开玩笑要掌握尺度，不要大大咧咧总是在开玩笑。这样时间久了，在同事面前就显得不够庄重，同事们就不会尊重你；在领导面前，你会显得不够成熟，不够踏实，领导也不能再信任你，不能对你委以重任。

6. 不要以为捉弄人也是开玩笑

捉弄别人是对别人的不尊重，会让人认为你是恶意的，而且事后也很难解释。所以，它绝不在开玩笑的范畴之内，是不可以随意乱做乱说的。轻者会伤及你和同事之间的感情，重者会危及你的饭碗。记住“群居守口”，避免祸从口出。

7. 涉及他人隐私的玩笑开不得

开玩笑常常会无意中涉及对方生活、工作上的隐私，如此时恰逢对方的恋人、亲人尤其是上司在场，很容易造成言者无心，听者有意，坏了对方的“好事”。

当然，也不要因为怕把玩笑开过了火，就不与别人开玩笑，整天一本正经的，这样就没有太多的必要，因为别人会觉得你是个不可爱的人。所以，生活中与人开玩笑是必要的，但在开玩笑之前，必须加以考虑。

每个人都爱听笑话，但仅限于高品位的笑话。开玩笑前，要做出正确的判断，别在不适合的场合和对象面前说出不恰当的笑话。

法则十：话说三分，给自己留后路

俗话说：“逢人只说三分话，留下七分自己赏。”有些人也许以为大丈夫光明磊落，事无不可对人言，何必只说三分话呢？但老于世故的人的确只说三分话，时刻都会为自己留条后路。你一定认为他们是狡猾、不诚实，其实这是最机智的做法。

比如，彼此关系浅薄，你与之深谈，显出你没有修养；你说的话涉及对方的事，你不是他的诤友，不配与他深谈；忠言逆耳，显出你的冒昧；你说的话是事关国家大事，你没有搞清楚对方的立场就高谈阔论，这样更容易招灾惹祸。

所以说，逢人只说三分话，适时地给自己留下退路才是明智之举。尤其是在办公室这个无风也能掀起三分浪的弹丸之地更应如此。如果事情真如你所说，那则是皆大欢喜。可一旦出现问题，那你就有可能会成为众矢之的。

某保洁用品公司的产品销售部经理在对新产品进行市场预测时，总是先要开公司会议，还经常叫上其他部门共同讨论，而且经常私底下征求下属的个人意见。

一次，开会的时候，公司新来的两个员工可可和李冰都表达了自己的独特看法，得到销售部经理乃至公司领导的好评。而且，两人在阐述自己看法的同时，还强调说要是按照他们的方法做一定会成功。销售部经理当即表示要他们俩拟定一份详细的销售计划书，公司一定会认真考虑。此话一出，可可和李冰欣喜若狂。作为新人的他们能得到经理如此重视，都认为自己应该把握好这次机会，好好表现。但是，新产品上市后，销售情况一直不容乐观，这让销售部经理非常恼火。

公司决定调整销售策略。当公司追究这个问题责任的时候，自然可可和李冰成了众矢之的，不但被领导责骂，还被扣了奖金。说错话是难免的，但他们最大的问题就在于不懂得“话说三分”的方法，最终留下话柄。开会时不仅表明了自己的看法，还在后面加上“一定能够成功”的话，这种飘飘然的自夸，不留后路的表态方式也注定了他们最后要自讨苦吃。产品部经理和其他同事或许也有责任，但在公司要追究责任的时候，完全可把责任都推到可可和李冰身上，因为话是他们俩说的，计划也是他们俩做的。

把话说得太满，并不能与自信划上等号；话说三分，反而是一种谦虚的人生哲学。从一个人说话的态度，可以看出他的自信。真正有自信的人，懂得谦卑，不会把话说得太满。不把话讲得太满，进可攻，退可守，才是成功的为人之道。

要想把话说得好说到位，就必须拿捏好说话的尺度。即使是一句再普通的话，在你的合理分寸之内也会平添几分色彩，更为重要的是我们为自己留下了可退之路。

法则十一：打人莫打脸，骂人莫揭短

在待人处世中，场面话谁都能说，但并不是谁都会说，一不小心，也许你就踏进了言语的“雷区”，触到了对方的隐私或痛处，犯了对方的忌，对听话者造成一定的伤害。所以，无论如何，你都必须确信一点：在自尊方面，别人和你一模一样。自尊心是每一个人都拥有的，无论是高高在上的企业总裁，还是沿街乞讨的流浪汉。因此，在与同事相处时，一定不要过分强调自己的自尊，而把别人的自尊踩在脚下。

要想与同事们友好相处，就要尽量体谅他人，给别人留点回旋的余地，保住他人的面子，维护他人自尊，避开言语“雷区”，千万不要伤及别人的痛处。

有一位年轻的女孩长得很胖，吃了不少的减肥药，但一直以来都不见效果。为此，她是大伤脑筋。有一天，她的同事王莉对她说：“你吃了什么呀，像气儿吹似的，才几天工夫，又胖了一圈儿，比我家的小猪还好养活呢！”说完，哈哈大笑。这个女孩一听，十分气愤，大声说：“我胖碍着你什么了？不吃你，不喝你，真是狗拿耗子，多管闲事！”被别人大骂一顿，王莉感到很尴尬，但除了面红耳赤之外，却无言以对。

谁都有忌讳之处，如果这些被人当面说出来，无疑是打了人家一个耳光，太不给人留情面、留余地了，而揭人之短的人除了招致对方的怨恨、报复外一无所得。在这里，王莉明知对方的短处，却还要一味地拿对方的弱点说事，触痛了对方的心理底线，这样必然伤害对方的自尊。一个人自尊受到伤害了，就必然反击。

伤人面子，最终受伤害的是你自己。俗话说：“你希望别人怎样对待你，你就应该怎样对待别人。”但有些人就是习惯性地喜欢拿别人的痛处来嘲笑，其后果可想而知。

平原君赵胜府第的旁边住着一个瘸子邻居。一天，平原君的小妾在临街的楼上，偶然间看到瘸子邻居正一瘸一拐地在井台上打水，觉得很好笑，于是毫无顾忌地对他进行了一番讥笑。这位瘸子邻居听后，感到自己的自尊受到了莫大的羞辱，于是将这件事向平原君述说了一番，并要求平原君将这个小妾杀掉。但只听他一面之词，平原君断不肯杀掉自己的小妾。他见平原君犹犹豫豫，知道平原君不肯这么做。于是，他对平原君说道：“大家都认为平原君尊重士子而鄙贱女色，所以，士子们都千里迢迢来投奔您。我虽然是个瘸子，但身残志坚，今天无端在众人面前遭到您小妾的讥笑。正所谓士可杀不可辱，她是您的小妾，请您给我一个说法。否则，旁人会认为您爱女色而鄙贱士子，从而离开您。”平原君听后恍然大悟，于是当机立断斩了这个说话没有分寸的小妾，并登门向瘸子赔罪。

几乎每个人都有难以启齿的忌讳，每个人都不愿意别人触及自己的忌讳。忌讳如同永不结疤的伤痕，虽然常常被淹没在深处，但当有人去掀动它时仍会疼痛万分。常言道：“聋子旁边不说聋，跛子旁边不说跛。”说的就是这个道理。平原君的小妾由于拿他人的忌讳来取笑，使别人的尊严受到侵犯，感情受到伤害，结果丢掉了性命。可见揭人短处会使对方觉得尊严受损，在面子上感到相当狼狈不堪，这会使对方把事态看得十分严重，想方设法报复你。所以，我们必须时刻告诉自己，千万不能触及别人的伤疤，避免自己因为一时不慎而使他人受辱，使自己遭殃。

其实，尊严是一个人最敏锐，也是最脆弱的感觉，因为它总是同一个人最本质的某些东西相联系的，侵犯别人的尊严便等于是对人的侮辱轻蔑。这对每个人来说，是绝对不能被容忍，更是不能被谅解的。

法国飞行员先锋和作家安托安娜·德·圣苏荷依曾说过：“我没有权利去做或说任何事以贬抑一个人的自尊。重要的并不是我觉得他怎么样，而是他觉得他自己如何。伤害他人的自尊是一种罪行。”

人都有自己的尊严，这种尊严是指既不向别人卑躬屈膝，也不允许别人歧视、侮辱。同时，人们又都注重维护这一尊严，为了维护自己的尊严，期望他人、集体和社会对自己尊重，这是自尊心的表现。

俗话说：“人有脸树有皮。”自尊心是每个人都有的，因此，在人际交往中，应当尽可能照顾别人的自尊需要，千万不要伤害别人的自尊心，尤其不要揭人短处，戳人伤疤。

法则十二：幽默，让大家靠得更近

英国作家培根说过："幽默是说话的调味品，并非食物。如果在说话中缺少了这个调味品，尽管你说话有很多内容，没有风趣也缺少魅力。"

不论你从事的是什么行业，无论你和什么样的人接触、交流，也不论你官位的大与小，幽默的力量都能为你的工作增添不少姿色。当然，幽默并不仅仅是笑话，它产生的效果往往比笑话更强、更有深度。

公司加班是常事，每到下班时间，总会听到不少同事给家人打电话，通知家人晚上自己又要挑灯夜战，不能回家吃饭了。在一旁听了，总是觉得心里酸酸的。但是有一回，一位当爸爸的同事打电话回家，却让人感到温馨又有趣："喂，你是旋风小飞侠吗？你跟女超人说，无敌铁金刚今天不回花果山吃斋桃了，拜拜！"

幽默是一种智慧，是一种聪颖，是一种机敏。凡是幽默的人，无不具备一种俯瞰茫茫人世的洞察力，一种居高临下，笑看芸芸众生的优越感。他有一种自知之明，他知道世界上一定有很多自己"摆不平"的人和事。但是，他可以用一种独特的视角和心境去"摆平"自己。用一种风趣幽默的方式拉近彼此间的关系，从而泰然、怡然地走向坦途。

有个男职员，他所在的公司被另一家大公司合并。巨大的人事变动使他感到很不如意，新同事对他也没有好感，周围关系很不协调。有一天，他故作悲哀地说："我看大家都愿意我被辞退，因为不管什么事情我都是落在最后。"没想到这句话收到了意想不到的效果。因为他的自嘲获得了一次和新同事们大笑的机会，这样，即使他真有拖拉和办事效率低的毛病，同事们看到他有一种诚恳的自我评价态度，也对他产生了信任和亲近的感觉。幽默感帮他和大家建立了友好善意的共事关系。

无独有偶，还有这样一个故事：

某大公司里的一位部门经理每天总想的问题是：“部门内的人是否真正喜欢我?”一次，他从外面走进办公室，发现手下的职员们正聚在一起唱歌，可一见到他，就立刻匆匆忙忙奔向各自的办公桌。他没有大发脾气，也没有任何不满意，只是说了一句：“看来，你们唱歌的水平并不那么高。”但这句话却产生了很好的效果。原来，这个经理过去总是板着面孔训人，批评别人时总说“不许偷懒”“工作时间不准娱乐”之类的话。这次他幽默了一下，使职员了解到他原来也有不为人知的一面。同时，这位经理也了解到，只要自己能和众人一起欢笑，只要自己能把大家所需要的东西奉献出来，那么也一定能得到自己所需要的东西，能与大家建立良好的工作关系。

幽默也是人与人的心灵之间搭建的一座桥梁，幽默的人会让人看到他的优秀品质和聪明才智。它既可以让人在社交中脱颖而出，又可以给人留下难以磨灭的印象。可见，幽默是人生中不可缺少的一种力量。

时下，人们对幽默的评价越来越高，就连工商界的企业家们，也知道利用幽默的力量来改变他们原有的形象，改善公众对他们公司的看法。据一份材料上说，美国300多家大公司的领导参加过一次有关幽默的调查。调查结果表明，90%以上的领导认为幽默感在工商界具有很大的意义，60%以上的领导认为幽默感在一定程度上能决定事业的成败。例如，克雷福特公司的总裁认为，对于主管领导来说，幽默感是十分重要的：“它能表示领导者具有活泼的、富于柔情的心理。这样的人不会把自己看得太重，也不会把别人看得太轻，能够做出比较合理正确的决策。”还有一家公司的总裁从创造和谐愉快的人际关系的角度来看待幽默：“应当承认，幽默是基本的原则之一，如果你能做出使自己和别人都感到快活的事情，那么你就可能是一位好领导或是一位好部下。”

幽默是一种才华，一种力量，一种高度文明的象征；幽默是一种引发喜悦和快乐的源泉，是人获得精神快感的一种行为方式；幽默是一种人生智慧和技巧的最高表现，是协调自我和社会关系的灵丹妙药。

法则十三：自嘲，智者的语言游戏

幽默一直被人们称为只有聪明人才能驾驭的语言艺术，而自嘲又被称为幽默的最高境界。由此可见，能自嘲的必须是智者中的智者，高手中的高手。自嘲是缺乏自信者不敢使用的技术，因为它要你自己骂自己。也就是要拿自身的失误、不足，甚至生理缺陷来“开涮”，对丑处、羞处不予遮掩、躲避，反而把它放大、夸张、剖析，然后巧妙地引申发挥、自圆其说，取得一笑。如果没有豁达、乐观、超脱、调侃的心态和胸怀，是无法做到的。

台湾著名电视节目主持人凌峰，有一次接受另一位电视节目主持人侯玉婷小姐的邀请做节目嘉宾。

节目主持人介绍他出场，然而凌峰一出场，就摘下帽子露出发亮的光头向观众深深一鞠躬之后说：“各位朋友大家好，在下凌峰。”说完，转身对着侯小姐说：“侯小姐，我很高兴见到你，而你是又很不幸地见到我了。”

观众笑了起来，接着主持人立刻回答：“请你谈一下作为著名节目主持人的感觉怎么样？”

凌峰说：“我觉得我的先天条件要比别人好，男性观众见到我都会自命不凡（这时台下响起了掌声笑声），你看看！鼓掌的人都觉得他们长得比我帅！”

接着，他又说：“我是生长在台湾的山东人，南人北相，而且我看起来一脸沧桑，似乎中国五千年的苦难都写在我脸上了，所以大江南北的同胞都偏爱我。”

主持人说：“那没有例外的吗？”

凌峰回答说：“我告诉你啊，连少数民族都喜欢我，蒙古人喜欢我，是因为我跟他们一样，是单眼皮，西藏人喜欢我，因为我的长相特殊，再披上袈裟，着实像一个西藏喇嘛嘛！”在场的观众大笑起来。

观众笑的原因在哪里，就是因为凌峰一出场就用自嘲的方式营造了一种欢娱的气氛。古人讲“宠辱不惊”，如果不是拥有豁达、乐观、超脱、调侃的心态和心胸的人，是说不出这样的话的。

从心理学角度来讲，自嘲是一种幽默的生活态度，是聪明人的智慧火花。自嘲是幽默的最高境界，也是高尚人格和自信的体现，它表现的是自嘲者的低姿态，以及良好的修养。自嘲实际上是当事人采取的一种貌似消极，实为积极地促使交谈朝好的方向转化的一种手段。所以，自嘲者敢于拿自己“开涮”，而不伤害任何人。可以说，它既是一种幽默的说话方式，也是一种幽默的生活态度和心理调节方式，能增加生活的乐趣，能解除尴尬，能拉近人与人之间的距离，它表现出一种人生智慧。

一般来说，人人都不愿意成为大家取笑的对象。知道了这一点，你就能明白为什么有的人很容易逗别人乐了。大家都有一种潜意识里的优越感，在幽默者适度的自嘲中，人们感受到的是自己心里那隐约的优越感。因此，不用担心自嘲会让人知道你的短处，引来鄙夷的目光。他们会为你的勇敢和风趣而折腰，因为你不怕暴露自己，所以他们就会在心中对你解除防范，把你当成自己的朋友。善于自嘲的人实际上是一种非常自信、非常明智的人。

王力平有一段论述幽默的文字，说得很精辟：

痛快淋漓地揭破或是调侃别人身上的疮疤，那其实是一种冷嘲抑或热讽。真正的幽默来自主体的反躬自嘲。自嘲的前提是自醒，是对自我人生中的荒诞与荒谬的洞悉与俯瞰，阿Q式的“精神胜利”是不可望其项背的。而自醒的前提是人的主体意识的觉醒，没有人的觉醒，就没有幽默的口才。中国第一部民间笑话集出现在魏晋时期，应该不是偶然的。

所以，幽默口才不仅仅是会说几句俏皮话，它要二分洞悉生活中的荒诞与荒谬的见识；二分敢于转过脸儿来，把自己鼻梁上的那块白粉示人的勇气；二分空谷襟怀；二分冰雪聪明；再加上一分闲云野鹤的超然，如风之清；一分举重若轻的从容，如月之白；而后便是十分惬意的会心一笑。

自嘲的作用是多方面的，任何自嘲的形式都应该有各自的目的。因此，在自嘲时应注意以下几点：

第一，自嘲要适度。自嘲仅仅是一种辅助性的表达手段，不可乱用，要避免引起别人的误解或伤害他人。

第二，自嘲所表现的意义一定要积极，给人一种启发性，避免给人留下没有道德，耍小聪明和嘴皮子的印象，那样，只会让人家觉得你浅薄无聊，“一点正经也没有”。

第三，自嘲要看好场合，在比较正式的场合，比如面试、开研讨会等场合尽量不要使用自嘲的方式，而应直白且诚恳地发表自己的观点。

第四，自嘲态度要慎重，目的要明确，不要遇到什么事情都用自嘲来解脱。比如消愁、逃避、讥讽，本着这样的心态来自嘲，那么最终只会使自己消沉下去。

自嘲谁也不伤害，最为安全。你可用它来活跃谈话气氛，消除紧张；在尴尬中自找台阶，保住面子；在公共场合获得人情味；在特别情形下含沙射影，刺一刺无理取闹的小人。

第八篇

沉沉浮浮，办公室晋升加薪指南

“人无千日好，花无百日红。”职场上的沉沉浮浮是常有的事，就像所有的风光都不能被一个人占去，弯弯曲曲才能前进，曲曲折折才能进步，一帆风顺只是在理想的王国中，现实中是不会存在的。但如果我们了解了办公室里晋升加薪的潜规则，就会减少被跌倒的可能，把沉下去的概率降到最低。

指南一：争取到自己的职场“贵人”

常有算命先生说，“你命中缺乏贵人”或“你今年会遇到贵人”，这当然是一种迷信。不过，在职场打拼，你确实需要“贵人”相助。步行职场的人，面对激烈的竞争，经常会前行缓慢甚至举步维艰。这时候，如果能得到贵人的帮助，那么你就会在职场的道路上疾驰，抵达你梦想中的职场佳境。

那么，贵人到底是什么？哪些人又能成为我们职场中的贵人呢？通常我们所说的“贵人”，是指某位身居高位的人，也可能是职业技能、经验、专长等各方面比我们略胜一筹的人。但有一个很有趣的理论说，世界上任意两个人之间，都只要通过六个人就能联系上。如果我们不仅仅把“贵人”定义为位高权重的人，就会发现职场之上，贵人范围很广，只要有心，几乎可以说是处处有贵人。他们也许是领导，也许是同事或朋友，甚至有可能是下属。因此，要想得到贵人相助，平时在与人相识相处之时，千万不要带着势利眼和功利心，广结善缘，让大家喜欢，是培养贵人的前提条件。

是的，贵人是需要培养的，是需要自己去争取的。要说在以前，职场里的贵人是可遇不可求的。如果有人肯在职场里提携你一程，这概率就跟中丘比特之箭差不多。可自从进入后伯乐时代，如果还用守株待兔式等待贵人上门发掘你，显然是过于被动了。于是，有人开始主动出击，在职场里寻找自己的贵人。

里子美大学毕业后，进了一所设计院工作。设计院的办公条件很好，整整占据了一层楼，从院长到普通的设计员，每个人都有单间办公室。

或许是设计院的办公条件太好了，或许是设计工作特别需要安静的环境原因，同事们都习惯关起门来工作。因此，无论何时来到设计院，总是一片静谧。

可是，刚刚步出校门的里子美，却很不适应这样的环境。他在大学里是有名的活跃分子，平时总是喜欢和朋友们闹在一起。要他一个人关起门来工作，那会把他给憋死！他也希望能和同事们有更多的交流，于是，每天一到单位，他就把办公室的门开得大大的。然而，整整一周过去了，很少有人走进他的办公室。即便这样，他还是坚持每天开门办公，因为他觉得，开着办公室的门，至少在心理上不会感觉那么憋闷。

一天，终于有一位女同事跑进了他的办公室，说有批新到的书需要搬上楼来，想请他帮忙。里子美二话没说，立即跟她下楼。很快，那批书一一搬上楼来。慢慢地，走进里子美办公室的同事逐渐多起来了。当然，并不是来串门聊天，而是有工作需要他配合的，这对他来说正是求之不得的。作为刚进单位的新人，他最怕的是无所事事，只要能和大家多交往，多做点事，多吃点苦，他也心甘情愿。

一个月很快过去了，他也和大家混熟了。因为他的办公室总是开着门，大家有什么事情需要帮忙总是会第一个来找他。他感觉自己在院里已经不是可有可无的人了，这种感觉很好。

有一天，院长手里拿着一叠稿纸，急急地从他办公室的门前走过，看到他办公室的门开着，院长突然又退了回来，问道："那个，你……"

院长显然对他还不太熟悉。他赶紧站起身来，说："院长，您好，我叫里子美，是刚刚到院里工作的。您有什么吩咐吗？"

"哦，你好。"院长看了他一眼，问："你打字快吗？我这里有一份材料，下午开会就要用的，得马上打印出来。"因为设计院的规模并不大，大家都非常熟悉电脑操作，也就没有聘专门的打字员，平时有什么材料要打印，院长都是临时抓差的。

"没问题，院长，我一会儿就能打好。"里子美胸有成竹地说。

一个小时后，等他把那份材料打印并装订整齐，送到院长室时，院长对他满意地点了点头。从此以后，除了同事们经常会找他帮忙，院长也经常在他办公室门口喊一声，吩咐他做一些事，可能是因为大家觉得喊一声比敲门方便多了。

渐渐地，里子美成了设计院里最忙的人，大事小事，不用谁指派，都会自然而然地落到他的头上。等到年底，院里决定提拔一名院长助理，民主推荐时，工作才一年多的里子美被大家一致提名。在大家心中，他也早已经是院长助理了。

寻找贵人就要多创造和贵人接触的机会。除了积极参加各种活动，拓展人脉之外，日常的沟通也必不可少。最直接的办法是多见面，其中见面是增进人与人之间了解的最好方式。另外，还可以多与对方通电话、发短信，有时一句问候、一声祝福也是非常温暖人心的。如果这些你都做到了，那么就算只见过一两面的人，也会保持对你的好印象。说不定将来哪一天，就在一个关键的时刻成为你的贵人。

寻找贵人要我们在拓展人脉的基础上，也要有所选择，要多和优秀的人在一起。要被人赏识，需要让贵人了解你这个人。所谓日久方见人心，要维护好一段关系，让人对你有所了解，是需要投入时间的。而一个人的精力与时间的分配都是很有限的。所以，最好是先想清楚自己的发展方向，再关注这个行业或这个方向上的优秀人才，去重点接近和学习。

当然，在寻找“贵人”的阶段，除了人际关系处理技巧外，更重要的还是内涵。不知你是否想过，“贵人”为什么愿意帮你？他们凭什么帮你？如果你无德，他们还会欣赏你吗？如果你无才，他们会重用你吗？如果你不诚实，他们会选择与你合作吗？显然这是不可能的。所以，一定要认识到“贵人”之所以帮助你，是因为他们的出发点有很多。除了真正是基于爱才、惜才，为贵人自己的未来经营人脉之外，一般而言，贵人出手多少都带有一些私心，这里有“伯乐与千里马”的味道，往往是“爱恨交织”，既期待成功，又怕受伤害。但这种关系也往往是积极向上的。

如果你现在正打算寻找“贵人”，以下几点是你争取到自己职场“贵人”必须要记住的：

1. 选一个你真正景仰的人，而不是你嫉妒的人

决不要因为别人的权势而想搭顺风车。当然，贵人相助时，也得摸清“贵人”帮助你的动机。有些人专门喜欢找弟子为他做牛做马，用来彰显自己的身份。这种贵人还是离他远点吧。

2. 真心与人相处

卡内基训练负责人黑幼龙曾经说：“完整的人际关系包含三个阶段，发掘人脉、经营交情、出现贵人。”其实说起来，等待“出现贵人”的阶段，除了人际关系处理技巧外，更重要的还是内涵。贵人可能是你的上司、你的同事，甚至是你的下属。因此，绝对不要小看你身边的人，未来的贵人其实无法一

眼就看出，因此认识人还是不要从太功利的角度出发。广结善缘，让大家喜欢，是培养贵人的第一步。

3. 把专业做到最好

很多机会其实就潜藏在你身边，这山望着那山高，眼高手低一定会错过贵人的赏识。如果你在专业领域里足够优秀，又何愁没有贵人青睐呢？

4. 与人交往一定要多花时间

人际交往不是短线投资，而是一段需要投入交流的过程，只有付出时间，才有机会让贵人看见你。急功近利往往会让你错失与贵人结识的机会。

5. 不要利用他人

没有人喜欢被人利用。贵人帮助你，多少也都希望能获得适当的感谢。“投之以桃，报之以李”，感恩是为人的基本准则。懂得感恩，学会感恩，是职场人士应该具备的基本品质。站在贵人的角度，感恩回报也是必须的。贵人与我原本不相识，他们绝对不会无缘无故的去付出；有些看似无私的付出，其实也只是回报的形式与途径不同罢了。

感恩也不是送礼、拍马屁。贵人之所以帮助你，是因为他看好你，希望看到你美好的未来，也证明自己的眼光。真正的感恩是要学会换位思考，多为自己的上司着想。当贵人遇到职场危机时，要努力站出来；当自己离职时，不要一拍屁股就走人，要多考虑一下曾经帮助过、提携过自己的上司；当你的上司有家庭有孩子时，尽量努力为其分担工作；同事是暂时的，贵人是永远的，当贵人无法帮助你再次突破的时候，千万不要过河拆桥而将他遗忘……

6. 你能为别人做什么

得到职场贵人帮助最为关键的一点是你能否给对方带来价值。“先不要问别人能为我们做什么？要先问自己能为别人做什么？”这是作家启斯·法拉利摸索得出的最重要的结识贵人之道。启斯·法拉利从一个劳工家庭出身的球场杆弟，一路成为顶尖企业的领导人，凭借的就是这个方法。

7. 不被自己的身份困住

如果你平凡普通、身无长物，也不要在那些成功人士面前被自己的身份困住，失去应有的自信。你只有保持本色，不卑不亢，积极主动地出击，贵人的目光才能被你的真实本色及独特个性吸引。

8. 积极参加各种活动拓展人脉

专家建议，每个经理人至少应该参加两个以上的非正式组织，一个与专业相关、一个与专业无关。一些沙龙聚会，往往是认识贵人最好的机会。职业圈外也很可能遇到你的贵人。

如今的职场，僧多粥少，领导不是你随便选的，贵人也不是你随便认的。你可以选择贵人，贵人同样可以选择你；你需要贵人的提携和帮助，贵人同样需要你的支持。贵人会从天而降吗？不可能。所以，怎样才能得到贵人的欢心？对我们来说，这才是问题的核心。

指南二：沟通原则，主动去敲上司的门

现实生活中，与上司的关系不融洽，得不到上司的理解、赏识和重用，常常是员工特别是年轻员工苦闷的根源。

有些员工踌躇满志却“怀才不遇”，几次碰壁之后，心灰意冷，甚至“看破红尘”。

问题出在哪里呢？当然不能仅仅归咎于上司缺乏伯乐的慧眼，或是用人不公。不少年轻员工不善于与上司沟通，常常是一个重要原因。

在人才密集且竞争激烈的职场上，要想使自己脱颖而出得以晋升，当然要有实力作后盾。但仅仅有才能和埋头苦干还不够，因为上司所看到的可能仅是你的表现情况，缺乏进一步的了解。特别是在规模大、人员众多的公司里，如何使上司对你的才能有更多的了解，把你列入晋升的名单里呢？最好的秘诀就是与上司多做有效的沟通，主动去敲上司的门。

乾在合资公司做白领，觉得自己满腔抱负没有得到上司的赏识，经常想：如果有一天能见到老总，有机会展示一下自己的才干就好了！

乾的同事坤，也有同样的想法。他更进一步，去打听老总上下班的时间，算好他大概会在何时进电梯，他也在这个时候去坐电梯，希望能遇到老总，有机会可以打个招呼。

相较于乾和坤，他们的同事屯则更进一步。他详细了解了老总的奋斗历程，弄清老总毕业的学校、人际风格、关心的问题等。然后，精心设计了几句简单却有分量的开场白，再算好的时间去乘坐电梯，跟老总打过几次招呼后，终于有一天跟老总长谈了一次，不久就争取到了更好的职位。

如今的职场，势力林立，脉络复杂，每个上司都会借着与手下交流的机会，观察下属是否和自己一条心。当你与上司进行了有效的沟通，显示出你

的忠诚，那就很容易拉近你与上司的距离，让上司对你另眼相看。可有不少人很怕上司，恨不能见了绕路走。尤其是出了什么岔子后，最怕的就是和上司聊天沟通。

其实，上司也是人。我们完全没有必要因为他是上司而对其有所顾及，不敢与其进行沟通。是的，他决定着你的职场命运，但这不能成为你不与其进行沟通的理由。因为与上司沟通并不完全是一种交际，更是一种晋升加薪的手段。

再说了，上司也希望手下员工有一些主动的表现，希望属下积极为他出谋划策；再者，上司常常有太多的事情要忙，他不会花太多的精力关注你，当然也无法确切地知道你到底在做什么，说不定还认为你在偷懒呢。所以，遇到问题不要怕老板知道，更不要假设他已经知道你在做什么、做了些什么，而一味等待老上司来找你。正确的做法是：无论喜忧，你都要主动与上司沟通。

当然，和上司沟通要灵活掌握方法，不可一味地蛮干，须懂得自己的上司有哪些特别的沟通倾向。一般而言，与上司主动沟通应注意以下几点：

1. 你对上司的评价不能说

说出自己对上司的评价，这是职场大忌。因为你全然说好，则上司觉得你在献媚，你若说太多缺点，上司则很可能记在心里将来给你小鞋穿。关于上司的评价，你最多提及非常细微而且无伤大雅的缺失，绝不可当面讨论。

2. 简洁是沟通的方法

老板都是讲求效率的，故而最不耐烦长篇大论，没完没了。因此，你要引起老板注意并很好地与老板进行沟通，应该学会的第一件事就是简洁。简洁最能表现你的才能。莎士比亚把简洁称之为“智慧的灵魂”。用简洁的语言、简洁的行为来与老板形成某种形式的短暂交流，常能达到事半功倍的良好效果。

3. “不卑不亢”是沟通的根本

不可否认，老板喜欢员工对他尊重，但如果你唯唯诺诺，不知所措，老板也不会喜欢。“不卑不亢”这四个字是最能折服老板，最让他受用的。员工在沟通时，若尽量迁就老板，就会适得其反，让老板心里产生反感，反而妨碍员工与老板的正常关系和感情的发展。你若在言谈举止之间都表现出不卑不亢的样子，从容对答，老板就会认为你有大将风度，是个可选之材。

4. 用聆听开创沟通新局面

倾听比滔滔不绝更重要，老板不喜欢只顾陈述自己观点而不听取别人意见的员工。在相互交流之中，更重要的是了解对方的观点，不急于发表个人意见。以足够的耐心，去聆听对方的观点和想法，是最令老板满意的，因为这样的员工才是领导看重的人选。

5. 不能高谈阔论自己的职场目标

每个人的职场目标最好都是记在心里，而不是挂在嘴上。如果你把奋斗目标告诉上司，而恰恰这个目标比上司的位子还要高一点，那你的结局就可想而知了。

6. 贬低别人不能抬高自己

在主动与老板沟通时，千万不要为标榜自己，刻意贬低别人。这种褒己贬人的做法，会让老板怀疑你的沟通动机。当你表达不满时，要记着一条原则，那就是所说的话对“事”不对“人”。不要只是指责对方做得如何不好，而要分析那样做会有什么不好的结果，这样沟通过后，才能获得老板的认可。

7. 用知识说服老板

对于日新月异的科技、变化迅猛的潮流，你都应保持应有的了解。广泛的知识面，可以支持自己的论点。你若知识浅陋，见解幼稚肤浅，对老板的问题就无法做出有针对性的答复，时间长了，他对你就会失去信任和依赖。

总之，身在职场，免不了与上司进行沟通交流，沟通的结果直接影响到个人前途的发展。与上司有效沟通，可以增加感情，有利于自己获得更多的机会。

愚者错失机会，智者善抓机会，成功者创造机会。机会只给准备好的人，这“准备”二字，并非说说而已。在上司迟迟未能看到你的成绩时，你可能会选择跳槽，你也可能抱着“是金子总会发光的”的信念继续积极工作。但真正聪明的人会主动寻求良机与老板沟通。

指南三：让自己不可替代

迈克尔·乔丹，一个为众人所熟知的名字，一个让人们开始认识篮球，认识 NBA，为篮球史的发展做出了巨大的贡献的体育明星。可以说，在全世界范围内，不管是不是一名篮球爱好者，不知道迈克尔·乔丹的人几乎没有。

为什么这样说呢？因为乔丹是一个不可替代的人，他创造了许多不可替代的价值。而他的不可替代让人们对他熟知。

乔丹在公牛队以及 NBA 联盟中的地位，都是不可替代的。从 1993 年乔丹宣布退出篮坛，改行打棒球的那一刻起，他的那种不可替代性就尤为凸显。一方面，公牛队群龙无首，变成一支弱队。另一方面，NBA 比赛人气大减，收入损失惨重。但从 1995 年季后赛前，乔丹复出，公牛队继续上演神话，完成第二个三连冠的霸业。有乔丹在，公牛队联合中心体育馆几乎场场爆满。随着公牛王朝的复兴，NBA 赛场也出现了罕见的火爆场面。

但这并不能完全证明迈克尔·乔丹的不可替代性。从 1984 年加入 NBA 开始，乔丹就成了 NBA 商业世界里最重要的组成部分。当初，耐克公司宣布以 250 万美元购买乔丹 5 年的“穿鞋权”。那时的耐克公司远没有现今这般“牛气”，在经营惨淡的情况下，耐克公司抛出堪称天价的代言费，请新人乔丹代言其产品，在当时被许多人视为疯狂的赌博。然而，在这疯狂赌博下注仅一年后，耐克就奠定了运动品牌翘楚的地位。这些年来，仅从销售乔丹服装鞋帽上的赢利就高达数十亿美元。

而且这种乔丹效应不仅发生在体育用品领域，就连麦当劳、可口可乐、雪佛莱汽车等品牌也因为乔丹而赢利颇丰。公牛队所在的芝加哥城也因为乔丹而在旅游、纪念品等方面获益匪浅。

乔丹本人的年薪也渐渐上涨到 3314 万美元，达到很少有人超越的纪录。

另外，乔丹的“副业”也是收入颇丰。但这些并不能说明乔丹的身价，可以这么说，我们很难用金钱来衡量乔丹的价值，就像有人说的那样，乔丹本身就是一部“印钞机”，其价值是无限的，身价再高，也会有人争着为他买单。

那么，作为社会大众中普通的一员，在就业竞争日益激烈，对于一份工作，你不干可能会有更多的人在等着干的今天，“优秀”已经是一个相当过时的概念，在激烈竞争的职场，就连“卓越”都变得岌岌可危。你的学历高，还有人的学历比你更高；你的资历长，还有人的资历比你更长；你的责任心强，还有人的责任心比你更强；你的能力强，还有人的能力比你更好……所以，对于一个员工来说，学历、资历、责任心、能力等都非常重要，但仅仅拥有这些还远远不够，你必须尽快尽力发掘自己身上的“优势”，把自己塑造成一个不可替代的人才是最重要的。

那么，如何把自己塑造成为一个不可被替代的人呢?

首先，你要清楚地知道自己的优势和劣势。“尺有所长，寸有所短。”没有人是完美无缺的，一个人有他的长处，就一定会有他的短处。而很多时候，在某种情况下的长处，在另外一种情况下，也许恰恰就成了短处。当我们清楚地知道了自己的优势和劣势，我们就能依据自己所处的环境让它们发挥最大的效用。

其次，在工作中发挥自己的专长和兴趣，做到扬长避短。很多人在工作中没有取得大的成就，并不是因为他们能力差，而是因为他们所从事的工作并不是自己真正喜欢的，是不能发挥自身所长的工作。或许你不想更换现在所从事的工作，那就要在工作中培养对工作的兴趣和爱好；若你觉得现在的工作并不能发挥你的专长和兴趣，甚至背道而驰，那你就要考虑换一个岗位，甚至换一份工作了。也许你会有暂时的利益损失，但从长远来看，那无疑是值得的。因为你没有浪费你最宝贵的资产——你的时间。而对任何人来说，在错误的方向上走得越久，就意味着回头的时候所要支付的机会成本越高昂。

再次，在工作中，还应追求将工作变得更快、更好、更有成果。工作中，我们只有要求自己把工作做得更快、更好、更有成果，我们才能成为其中的强者，使别人很难或者是无法战胜。只有这样，我们才不会失业，才能升职加薪，跟着企业一起成长。

最后，创新者永远走在别人的前面。创新是一种宝贵而稀缺的能力，是弱者战胜强者的唯一机会。不管你是否成为某一方面的最强者，或是创新者，你都需要证明，你为老板创造的价值远远大于老板向你支付的薪水。

总之，职场中，谁都有可能被替代，我们只有做不可替代的员工，才能捍卫自己的职位，笑傲职场。

在这个时不我待、不进则退的年代，如果想在人生旅途中稳行高处，就需要不断提升自己，熔铸新我，成为一个素养深厚、不断实现自我突破的人。

指南四：在竞争中合作，在合作中竞争

在现代生活中，任何一个人都离不开团结协作，互相支持。对于一个职场中人来说，更是如此。在责任、权利和利益面前，要分清是非，勇于承担，处理好个人利益与团体利益。每一个人做到为自己的团体利益着想，共同为团体的利益奋斗，整个团体发展了，个人也就发展了。可以说，合作是一个人参加职场竞争的必备素质之一。

美国心理学家托马斯·哈里斯在《我好，你也好》一书中，按照人格的发展，将团队中各自然人之间的关系分为四种类型：我不好，你好；我不好，你也不好；我好，你不好；我好，你也好。其中，第四种关系类型：我好，你也好——则是成熟的成人人格和共赢思维。

可是，在现实生活中，我们普遍存在的是赢或输思维或单赢思维。谋求赢或输思维的人只顾及自己的利益，只想自己赢别人输，把成功建立在别人的失败上，比较、竞争、地位及权力主导他们的一切；而单赢思维的人则只想得到它们所要的，虽然它们不一定要对方输，但他们只是一心求胜，不顾他人利益，就算在独立或互赖的情况下，他们的自觉性及对别人的敏感度很低，在互赖情境中只想独立，这种人以自我为中心，以我为先，从不关心对方是赢是输。

可是，尺有所短，寸有所长。在这个竞争的社会里，干好一项工作，占主导地位的往往不是一个人的能力，关键是各成员间的团结、协作、配合。是的，我们不可否认，竞争意识有利于提高个人、团队力量，有助于我们获得成功。但是，如果只注重竞争，不注重合作的话，我们会走很多弯路，我

们会成为一支孤军奋战的队伍，我们很可能被强大的敌人打败。所以说，我们要在竞争中合作，在合作中竞争。明白竞争不是目的，而只是一种手段，只是一段过程。

廉颇是春秋战国时期赵国的一名大将，战功赫赫，威名远扬，及至封官晋爵却在蔺相如之下，于是多次欲与蔺相如一争高下并有意羞辱。身为相国的蔺相如文韬武略，事事以国家利益为重，不与将军计较个人得失，巧妙避开与廉颇的争执。蔺相国以和为贵的德行终于折服了廉颇将军。廉颇将军知错即改，负荆请罪。从此，将相和，国运兴。

虽然时代让竞争成为一个沉重的话题，虽然市场上此起彼伏的广告战、价格战、渠道战、口水战乃至肉搏战经久不息，虽然职场中尔虞我诈、明争暗斗、恶语中伤乃至拳脚相向的打拼仍在继续，但作为万物之灵的人类可以用双赢的智慧削去竞争的锋芒，微笑竞争，携手同行。

也许你会说，职场中要做到携手同行，很难。是的，一个人行走职场，难免会有一些磕磕碰碰，难免会碰到令自己不愉快的人。这时，你可能会忍不住发泄一番，但往往会因此而得罪人，无意间为自己树敌。要想做一个职场人脉高手，就应该像圣经上说的那样“爱你的对手”。

其实，在现实生活中，你没有必要憎恨那些让我们不快的人或者是你的对手。若深入思考一下，你也许会发现，真正促使你成功的、激励你昂首阔步的不是顺境和优裕，不是朋友和亲人，而是那些常常可以置你于死地的打击和挫折，甚至是死神。

美国著名拳击手杰克每次比赛前，都要做一次祈祷。朋友问道：“你在祈祷自己打赢吗?”

“不，”杰克说道，“我只是祈求上帝让我们打得漂漂亮亮的，都发挥出自己的实力，最好谁都不要受伤。”

杰克的话中渗透着双赢的智慧。双赢小到个人领域，就是用美德为竞争镶边着色，让竞争在微笑中把心灵放松，在合作中共同进步。可在日常生活中，许多人都会犯这样一个致命的错误：总是诅咒自己的对手，或者因为自己遇到了对手而失魂落魄。这恰恰错了，你应该为自己有一个对手甚至是强大的对手而庆幸，为自己遇到的艰难境况而庆幸，因为这正是你脱颖而出的机会。

一个人若没有强烈的竞争意识，或者说生存意识，则难以站稳脚跟，不过一味地强调竞争，也可能走向反面。所以，我们应该认识到，合作是第一位的，竞争的目的只是为了更好地合作。

指南五：竞争的舞台公正吗

“我不懂这是为什么？我总是早来晚走，即使有时必须在晚上和周末加班，以保证如期完成所有的工作。你也绝对不会看到我在走廊里与同事们聚在一起闲聊，或者在公司全体会议上哗众取宠。我做好本职工作，领取应得的报酬。我比与我同时进公司的大多数人聪明，工作更有效率。但是，为什么他们都当了部门的领导，甚至公司的总裁，而我却被打入冷宫，几年来职位原地不动，一直做着同样的工作？”

工作中，我们总会听到这样那样的抱怨。为什么，为什么？其实，没有那么多的为什么？唯一有的就是事实，或许你会说生活的不公，或许你会说竞争应该公平、公正。但是，世界上没有绝对的公平，职场也不例外。比如，职场上，上下级之间最容易出现不公平的现象，两者地位的不同，看问题的角度自然也有所不同，随之而来的就是结论的不同，同样的一件事，甚至会得出截然相反的结论。或许你觉得不公平，但我告诉你，职场上根本就没有真正的公平。更确切地说，上司与下属间没有真正的公平。

入职第一天，我们就被告知，只要努力工作，有真实才干，我们就会获得升职加薪的机会。可是，随着时间一天天过去，你会慢慢地发现，纵使你埋头苦干，立下了汗马功劳，机会也不一定就属于你。于是，很多人的不平衡感产生了，这种不平衡感让我们处于一种极度不安的焦躁、矛盾、激愤的情绪之中，使我们满腹牢骚，不思进取，工作中得过且过，心思不专，陷于自我折磨的泥潭之中，最终毁了自己。

所以，每个职场人士对职场的公平与否应有一个清楚的认识，做好思想准备，让自己具有承受不公平压力的能力。面对现实，以积极乐观的心态行走于职场。

其实，生活中很多事情都是不公平的。有时候，我们自己也会做出许多不公平的事，或许你会为自己辩解。那么，请你先看完下面这个故事，再为自己辩解吧！

有这样一个故事：10 个孩子在铁轨上玩耍，其中 9 个孩子都在一条崭新的铁轨上玩。只有一个孩子觉得这可能不安全，所以他选择了一条废弃的、铁锈斑斑的铁轨，并因此而遭到另外 9 个孩子的嘲笑。可正在孩子们玩得专心致志的时候，一辆火车从崭新的铁轨上飞速驶来，让孩子们马上撤离是来不及了。但是，如果你正在现场，就会看到新旧铁轨之间有个连接卡，如果你把连接卡扳到旧铁轨上，那么就只有一个孩子失去生命；如果不扳，你就只能眼睁睁看着 9 个孩子丧身在车轮下。现在，火车马上就要驶过来了，你该怎么办？

看到这个问题后，相信大多数的人都会选择扳。虽然每个人都应该为自己的错误付出代价，但是面对 9 个生命和 1 个生命，人们会近乎本能地选择 9 个而放弃 1 个。是的，那个孩子是无辜的，他不应该承担别人的错误，但是生活中人们很难做到公平、公正。所以，不管你承认还是不承认，生活本来就不公平，这是无可逃避的事实。所以，身在职场不要抱怨你的付出没有得到回报，也不要抱怨一切的不公，因为这就是生活本来的面貌。

面对职场上的不公平，你也许会愤怒、忧虑或者失望，从而产生心理不平衡。其实，这个世界上没有什么是可以完全做到公平的，而面对这种不公平，我们唯一能做的就是保持心态平衡，做自己应该做的事。

指南六：墨守成规等于承认失败

在职场上，有许多条条框框约束着我们的思维，约束着我们的行动，但只要你有勇气和力量，这些条条框框是可以被打破的，并且会取得惊人的成绩，也会得到老板或上司的认可，觉得你很有前途。但如果你没有勇气去突破，总是墨守成规，泥古不化，那等待你的就只有失败。

当然，要想得到上司的器重，并不是一朝一夕的事。有人认为，“比其他人做更多的工作，超时工作”是最重要的，这只能是老观念而已。新一代的老板则认为，工作并不算繁重，却要超时工作才能完成，这是低智商的表现。

林恒是公司创业时招进来的员工，人缘好、和气，从不与任何人发生争执。工作多年，和林恒同时进公司的同事，跳槽的跳槽，升迁的升迁；新同事也一拨又一拨地涌进来，流动性极大。所以，林恒自然就成了“前辈”式的老员工。多年来待在一个岗位上，按部就班地工作。

公司正处于创业阶段时，林恒的忠诚与踏实被视为一种美德，所以，不论大会还是小会领导经常会拿林恒做例子。但随着公司的高速发展，林恒保持了忠诚与踏实的美德，业务上却没有什么长进，属于指派什么就干什么，不会举一反三，不提高、不反思、不进取的典型。好品德在一帮棱角分明的“80后”新人眼里，被视为没能力的同义词。

每次部门会议上，上司问到林恒有什么想法或建议时，他都说：“没有!”一次、两次……永远没有。一个头脑里没有任何想法的员工，是跟不上公司的发展进程，也不可能做出任何成绩来的。林恒浑然不觉自己已经落后了，而且处在一个尴尬的位置上。已经得到晋升的老同事见到林恒，客气里保持着刻意的距离。更多的新同事人前称他“林大哥”，背后却叫他“老牛”，意思是不知进取，只懂得做一些陈年文件的整理工作。

后来，在金融危机的大环境下，公司被迫辞退一批员工和给一部分员工降薪。林恒的名字在这二者之间游移着。虽说人都念旧情，但没有任何一家公司愿意为一个不能为公司创造业绩的员工买单。所以，林恒失业了。

还有一个“80 后”女孩叫 Sunny，大学毕业后面试到一家图书公司做编辑。可是，不到两个月就被老板炒了鱿鱼。Sunny 在双休日总是跑到公司去加班，而且下班后还“习惯性”地晚走。可是，等到月底老板查看工作业绩时，办公室里那些下班走得比她早，而且双休日从不加班的同事也完成了和她一样多的工作，有的还比她多。如此一来，Sunny 在老板眼中就成了智能低下者，自然也就失业了。

常常有很多人，工作上敬职敬业、老老实实、安分守己、兢兢业业，可是一旦遇到革新和变化他们就不知道该如何应对，因为他们的创造力已经在那平实稳定的工作中失去或正在失去。

其实，任何行动在发生之前都带有两种特点：一是带有创造性的；二是带有模仿性的。创造性的行动是别人所没有的，是一个人自己思维的结果，而模仿性的行动则不然。作为职场人士，每项创造性行动的效益何在？这是一个潜效益问题。有些创造性的行动可以产生效益，但不是一种最大化的效益，所以还需要选择新的创造性行动。这种潜效益的存在，应当是我们思考的一个重点。

所以，要想使上司对你另眼相看，最重要的是在把工作尽责做好外还要学会思考，走不寻常的路。只有这样，我们才能有所超越，永远走在别人的前面。否则，你就等于把自己推向失败，更说不上做出好的成绩。道理很简单，你不变，别人变，等于你越来越落后；你落后了，那还有出路吗？

人们常常为自己的固定思维所限制，而那些勇于突破思维定式、打破常规的人，往往能取得出人意料的成功。

指南七：机会不但会造出强者，也会造出弱者

办公室里总有那么一些人，他们抱着“是金子总会发光”的思想，等待着别人的发掘。要知道，这年头伯乐也常面临自顾不暇的困境，或者也在苦等他们的伯乐。适度为自己制造“出风头”的机会，有助于开拓出个人事业的康庄大道。

珍妮对自己的要求是做好事情再说话，因此，她每天总是在办公室埋头苦干，既不会出现在茶水间的闲谈中，也不会出现在上司的午餐桌前。开会时，她几乎从不发言，因为担心自己的见解不够优秀。“不鸣则已，一鸣惊人”的想法，使她总是没有机会开口。珍妮觉得自己像高贵的画眉，而坐在对面的丽丽则像聒噪的喜鹊。

丽丽总是喜欢在午餐时凑到主管桌前，告诉他自己最近读了一本什么书，或者刚刚学过的管理学课程，而她所说的那些，珍妮在几年前就已经很熟悉了。她还特别勇于在部门会议上发言，有时候甚至将珍妮私下跟她探讨过的那些不甚成熟的想法拿到会议上去讲。珍妮暗暗嘲笑丽丽的无知无畏。但意想不到的是，丽丽小姐很快升了职，而珍妮小姐还兀自清高着。珍妮实在看不出丽丽究竟有何过人的能力，可主管却很欣赏她，认为她积极向上、富有魄力、敢说敢做，具备可贵的领导才能。

每一片职场江湖中都存在一些“时运不济”的人，他们工作比别人努力，得到的却并不多。甚至有时候，明明事情是他做的，功劳却算到了别人头上。当我们抱怨老板不公平时，或许并没有意识到，职场成功与否是由三个要素组成的，即专业表现、个人形象、能见度。其中，能见度所占比重为60%。从某种意义上说，职场考验的不是你是否做得好，而是是否懂得醒目却又不刺眼地亮出自己。

所谓“人要衣装、佛要金装”，现代社会商品的销售多少都要靠包装，何况是竞争激烈的职场。当你做出某些成绩或经过努力而提前完成任务时，别忘了做做个人公关。会议场合是个不可多得的舞台，适时掌握发言机会，展现个人能力，发出声音，才能引起老板的注意。

当然，风头太健，便可能招致嫉妒，适时把人情做给同事可以赢得好感，也算为自己的今后买张保单。跟老板邀功时，可先把功劳归诸团队和上司，再巧妙提到自己的贡献。不要害怕别人批评你好大喜功，如果努力没被同事、上司看到，那你才该担心自己的才华被埋没。以下 10 个机会如若加以注意，就能助我们成长为优秀职员，轻松处理好办公室里的关系：

第一，要做一个机动的救火队员，随时帮助同事解决各种疑难杂症。

第二，要时刻思考如何把事情做得更好，不断提升自己的业绩。

第三，要多参与公司的变革计划，担任其中的角色，承担变革任务。

第四，凡事都要做正面的思考，将困难与问题都视为前进的垫脚石。

第五，工作中多倾听，用“听”来帮你获取信息与经验。

第六，争取当公司顾问的助手，与他保持最密切的接触。

第七，在工作中，主动排难解纷，让团队工作做得更好。

第八，要养成终生学习的好习惯，时刻关注日常生活的各个层面。

第九，应当乐于与他人分享自己的经验和心得，并协助他人学习成长。

第十，如果你跟随领导做事，一方面可以受其亲炙，另一方面也让学习有个方向。

总之，身在职场，千万别抱怨别人没有给你展示自己的机会，也不要抱怨伯乐太少。有时候，适时亮出自己，不失为一种推销自己的手段。

身处瞬息万变的竞争社会，个人犹如大海中的一粒沙。一个人要想有所发展，就应该树立自己的社会形象，让别人注意你、喜欢你、敬重你，成功地推销你自己，让自己与众不同。

指南八：面子与面包，你选择哪个

“人活一张脸，树活一张皮。”“头可断，头发不能乱。血可流，皮鞋不能不打油。”折射出国人的面子心理，从中也可以看出人们对面子的重视。那么，“面子”是什么？其实，“面子”就是脸皮。我们说某某人爱“面子”，一半有褒奖的意思；如果说某人不要“面子”，那就是批评了；如果说某某人“不要脸”，那就是最毒辣的谩骂了。同时，“面子”也是一种社会资本。面子本身包含了一些权力、财富、地位、声望等可用于交换的资源，资源的多少及丰富与否，在一定程度上反映了个人面子的大小，也反映了个人在社会交往、社会交换中所处的地位。一个人掌握的权力越大，财富越多，关系网络越庞大，就越有可能获得自己想要的东西，做事情成功的可能性也就越大，那么在与他人的交往中就越有可能占据优势地位，即越有“面子”。

因此，就有人说：“要把一个中国人管好，唯一的办法就是让他有面子。你可不给他发工资，不给他福利，也可以不给他职位，但你只要让他觉得有面子，他就可以为你卖命。”的确，很多人都爱面子，不喜欢别人挑自己的毛病，不喜欢让别人在众人面前批评自己，不喜欢排在最后。不过，生活告诉我们，面子，真的不是那么重要，要知道，笑到最后的人才是真正的赢家。

几年前，李俊因为一件事和领导吵架了，因此丢掉了工作。自此以后，他决定不再给别人打工，要为自己打工，自己当老板。于是，他在街道旁边摆起了地摊儿。东西卖得不错，自己也觉得很充实。可是有一天，他老婆下班后对他说：“你还是不要摆地摊儿了，我们单位的同事看到你在街上摆地摊儿都笑话你，在办公室里议论纷纷，让我觉得很没面子。”李俊安慰了妻子一番，但他并没有打算放弃摆地摊儿的工作，因为他认为摆地摊儿并不丢人，自己凭本事挣钱，没有什么丢面子的。于是，他接着干起来……几年过去了，当年那些嘲笑他的人如今都已经下岗，而他却依靠自己的努力成了当地小有名气的富人。

这样的事例，对于中国人来说是不可思议的。这是因为，中国人在选择职业时，第一看体面，第二看收入，两者兼得，就足以在人前人后风光炫耀了。成败荣辱，全都摆在面子上，而面子是要人捧的，无人喝彩，就如同穿着锦衣夜行般无趣。

世界上的人，不顾及自己“面子”的人恐怕不多。有的人因为别人让自己丢了“面子”，恼羞成怒者有之，大打出手者有之，甚至有人为维护“面子”闹出人命，为争“面子”而丢了卿卿性命。如果被丢了“面子”的人手中有点权力，而令其“丢面子”的人又恰恰是他的下属，那这人的“小鞋”就有得穿了。由此看来，人们将“面子”看得是何等重要。

人们将面子问题，看得如此重要，是不是好事呢？辩证法告诉我们，任何事情都是对立统一的。那么，“要面子”与“丢面子”也是对立统一的，有些面子是非要不可的，但有些面子不要也不伤大雅，我们只需记住，笑到最后才是真正的赢家。

现代的社会竞争，虽然比较的是一个人的能力和动机，但同时也是一个人面子问题的较量，谁能放下面子，笑到最后，谁就是真正的赢家。

凭能力挽回的面子是一种荣耀，用机智装点的面子是一种修养，用武力争来的面子是一种无知，委屈自己撑出面子是一种悲哀，拿钱砸出面子来是一种庸俗。被人当众撕面子，是因为我们做得确实不够好。

指南九：职场菜鸟修炼成“白骨精”的法门

在现代企业中，企业从业者之间的人际关系问题让广大职场人士和企业经理人饱受折磨。不管是分工合作，还是职位升迁，抑或是利益分配。无论当初的出发点是如何纯洁、公正，最后都会因为某些人的“主观因素”而变得扑朔迷离，纠缠不清。随着这些“主观因素”的渐渐蔓延，原本简单的同事关系、上下级关系变得复杂起来：一个十几个人的办公室，可以有几个不同的派系，更可以有由这些派系滋生出来的上百个纠缠不清的话题。所以，很多人把这种复杂纷繁的“办公室问题”戏称为“办公室政治”。而在这场没有硝烟的战争中，不管你累不累，愿不愿意，只要你置身“江湖”，就“身不由己”。因为“办公室问题”中大到派系问题、利益问题，小到职位变化、桃色绯闻等，每一件都是直指“个人利益”“经济利益”。

古人说：“人不为己，天诛地灭。”清楚制造办公室问题的人的初衷，和卷入办公室政治的人的苦处，那些进入职场的菜鸟们就不必为喜欢搞办公室政治的人而恼火，为存在办公室政治的企业而绝望，唯有脱“菜”把自己修炼成职场“白骨精”才是我们最应该做的。

那么，如何脱“菜”变“精”呢？以下定律必须掌握：

第一，活跃定律。领导在办公室的时候，气氛永远是“团结、紧张、严肃”不“活泼”；而领导不在的时候，气氛会变得异常活跃，可以海阔天空，说说笑笑、吹吹牛皮、聊聊足球、侃侃新闻……可以说是无所不及。

第二，不公定律。能干的总有干不完的活，不能干的总是没有活干。干得多的人犯错误的概率就高，到头来往往吃力不讨好。少干或不干的人，往往不犯或少犯错误，给领导的印象却是个好同志。所以，在办公室里不可以不干，但是别让自己太能干。

第三，加班定律。如果领导到了下班时间不走，下属就不能理直气壮地走。加班等于敬业，至于效率可以不闻不问。而领导不在的时候，加班等于白加。

第四，新官定律。新上任的领导不管见到谁都是笑容可掬，亲切有加。如果你认为新来的头儿平易近人，没有架子，那就大错特错了。几天过后，如果你还发现他没有原形毕露，眼睛朝上，目无群众，那么他可称为是地球上的稀有物种。

第五，趋同定律。领导的爱好往往会成为办公室成员的共同爱好，即爱好着领导的爱好，幸福着领导的幸福，快乐着领导的快乐。所以，有时间，去试着学习领导的爱好，对你是有百利而无一害的。

第六，矛盾定律。人人都明白一朝天子一朝臣，因此，跟领导走得太近了不行，离得太远也不行。跟得太近了怕站错了队，一旦大树倒掉，大难就会临头；离得太远了，好处永远轮不到，坏事少不了。所以，身在职场千万别在一棵树上吊死，要在旁边的树上多试几次。

第七，尴尬定律。苦干的不如巧干的，还有所谓干的不如看的，看的不如捣蛋的。因此，上去的不一定是能力强的，原地踏步的不一定是低能的。对此，你不服不行。而你的抱怨只会让你在原地待得更久，更有甚者还会把你踢得更远更惨。

第八，变脸定律。见到上司唯唯诺诺，这是逼出来的；见到同级嘻嘻哈哈，这是装出来的；见到群众凶凶巴巴，这是情感的自然流露。学会随机应变，因人而异，见风使舵，是职场人士的立身之本、生存之道。

第九，转移定律。领导的领导批了领导，作为被领导的你就得小心领导拿你当作“出气筒”。你要觉得窝火，可以再找被你领导的人发一通脾气，指责他“怎么搞的”。如果你没有可领导的人，那就打落牙齿往肚子里咽。但是，有经验的下属在发现领导脸上阴到多云，一般都会知趣地避开。

第十，关系定律。有本事没关系的吃苦饭，没本事有关系的跟着吃，有本事又有关系的不愁吃，没本事又没关系的看别人吃。问题在于，自认为有本事的人未必能得到领导的认可。因此，有本事和没本事的都要拼命地找关系，有了关系的则不惜绞尽脑汁巩固好关系。

第十一，竞争定律。能写的往往不如跑腿的，能干的往往不如能吹的，能说的往往不如会送的。踏实本分的不如善于张扬的，遵守制度的不如听话的，坚持原则的不如会变通的。你看你选择做哪一类。

第十二，忌讳定律。在办公室通常听不到牢骚怪话，比如报纸上登出某地又揪出了一个贪官，你只能选择腹诽，恨在心里。如大放厥词、口无遮拦地进行猛烈抨击，有人会认为你是在含沙射影，指桑骂槐。所以，你在表明自己爱和恨的同时，实际上是在孤立自己，很有可能成为他人尤其是领导设防的对象。要议论就议论美国的奥巴马、股神沃伦·巴菲特等。所以，经过办公室的历练后，人人都要把握住“说古不说今，说外不说内，说远不说近”的原则。

第十三，归因定律。凡是职务上不去的，众口一词就是不会拉关系，朝中无人没后台，没有人认为自己的能力素质不够，这是最体面的理由。但在领导面前却从来不会说自己是怀才不遇。

俗话说：“人在江湖混，岂能不挨刀?”这话虽是调侃，但如果把职场比作“江湖”，步入职场的菜鸟们要想混得好又“少挨刀”，知晓“江湖规矩”把自己修炼成“白骨精”是最为迫切的需要。

指南十：独善其身就能保护自己吗

在办公室的争斗游戏中，很多人都抱着“清者自清、浊者自浊”的心态去看待办公室政治，以为只要能独善其身就可以远离是非。

别天真了，看看那些想要明哲保身、图个耳根清净的上班族，最后有几个真能逃脱办公室里的是非圈，有的甚至可能连工作都莫名其妙地丢了。

其实，地球上并没有真正的“中立国”，办公室里也没有可以明哲保身的人，只要身在办公室，便是处在暴风圈中，没有所谓的“台风眼”可以容人藏身。也许，有些人天真地认为，只要自己专业过人，工作脚踏实地，又不惹是生非，总有一天老板会注意到自己这块璞玉。但是，结果往往事与愿违，因为专业不是升迁的唯一指标，躲在电脑后面，不与同事交流的人，很难有机会出人头地。

办公室作为一个团队，是人的结合，每个人都有自己的优先顺序和利害关系，你是其中的一员，如果不学会协调人与人之间的关系，懂得保护自己，也就别痴心妄想能平步青云。

再说了，办公室中还有诸多不成文、不言传而又约定俗成的处事潜规则，你不能对此熟练地运用自如，就不能更好地保护自己，独善其身的最终结果可能是你跌得满身是伤。

孙宁在销售部也算是一位资深职员了，在公司任职的三年时间里，他每天都谨小慎微，认真做好自己的业务，明天的美好将指日可待。前段时间，公司还在传言说是销售部的经理要升职，而专管人事的张总也曾经对他有过暗示，一想到将要上涨30%的工资，还有房贴、车贴和通信费，孙宁在家人面前忍不住得意起来。不过，孙宁在公司可是一点也不敢懈怠，而且，为了将希望变成现实，他比以往更加努力地工作，从不在会上发言的他，偶尔也开始表达自己的建议，尤其是对公司现有的销售佣金制度，提出了新的方案。

这个方案，他先向张总进行了汇报。虽然这不是张总管辖的范围，但张总听完之后很是满意，还让孙宁将其整理成书面文件。于是，孙宁将文件精心整理，交给了张总，可方案却没有通过。

后来，张总暗示孙宁说是经营部门的李总对此方案不同意。不过，值得高兴的是，孙宁最终被顺利地提拔成了销售部的经理。而且张总还特地给孙宁换了一位助理，帮助孙宁顺利开展今后的工作。据说，这样方便孙宁大展拳脚开展工作，而且助理人选还是李总介绍过来的。

但是，在工作开展中，孙宁却发现，新来的助理没有任何工作经验，销售部的一点风吹草动却完全在公司领导的掌握之中。因此，销售部的同人对孙宁有不少误会。孙宁认为，张总是自己可以信任的人，所以在与张总闲聊时，孙宁说出了自己的疑惑，他觉得是新来的助理在打小报告。

张总一副很感兴趣的样子："哦？那他工作态度怎样？"

孙宁自从被提拔以后，总觉得自己是张总的心腹，于是他立刻倒起了苦水："这个年轻人，办事能力很差，交给他的事情十件有九件办不好。"

张总笑了笑说："他可是李总亲自面试进来的。"

时间一长，孙宁心里对自己的直接领导李总越来越生疏，觉得他不支持自己的工作。尤其是孙宁提出的销售佣金方案对于提高销售员和客户的积极性很有用，李总却一直没有反应。

领导对自己生疏，下属颇多抱怨，销售部的业绩不见起色，孙宁越来越苦闷，有时甚至觉得还是老老实实做个销售员好。

可是有一天，他去外面办事，回来时经过公司旁的一家餐厅时，却发现张总和自己的助理亲热地坐在一起，低声交谈，那种氛围不像一般关系。

第二天，孙宁抱着试一试的勇气带着销售佣金方案走进了李总的办公室："李总，这份方案能不能请您看一看？"

"不错嘛，早就应该想到这样的措施了。"李总一脸宽慰，和孙宁分析起了具体的条款。孙宁于是不再提这个方案已经交给过张总这样的话。临走的时候，李总问他："最近工作进展得怎么样？有没有遇到什么麻烦？张总介绍来的助理还不错吧！"

"正在适应。"这一次，孙宁不再多说什么，毕竟有一块暗伤已经够孙宁受的了。

许多人一听到职场争斗，第一个反应就是避而远之，不愿卷入办公室的尔虞我诈。遗憾的是，面对职场中的斗争，置身事外只能是无济于事，更是退缩的表现和招致祸端的根源。你只有认清人性，看清世事，深谙办公室潜规则，才能在职场中更好地保护自己，免受伤害。

地球上并没有真正的“中立国”，办公室里也没有可以明哲保身的人。只要身在办公室，便是处在暴风圈中，没有所谓的“台风眼”可以容人藏身。唯有深谙办公室潜规则，才能在职场中更好地保护自己，免受伤害。